# Ich kann über
# 80 Tiere malen
## Meine erste Zeichenschule

Text und Illustrationen
von Emily Fellah

COPPENRATH

Dieses Buch ist auf Papier aus nachhaltiger Forstwirtschaft gedruckt.

5 4 3 2 1    27 26 25 24 23
ISBN 978-3-649-64637-2

Originalausgabe:
© 2021 Quarto Publishing Group USA Inc.
Text and illustrations © 2021 Emily Fellah
Original titles: I can draw Cats & Kittens; I can draw Dogs & Puppies; I can draw
Everything Cute & Cuddly; I can draw Favorite Pets; I can draw Wild Animals;
I can draw Dinosaurs; I can draw Horses & Ponies
First Published in 2021 by Walter Foster Jr., an imprint of The Quarto Group
100 Cummings Center, Suite 265D
Beverly, MA 01915, USA
All rights reserved

Deutsche Ausgabe:
© 2023 Coppenrath Verlag GmbH & Co. KG,
Hafenweg 30, 48155 Münster, Germany
CH: Baumgartner Bücher AG,
Centralweg 16, 8910 Affoltern a. A.
Alle Rechte vorbehalten
Illustrationen und Anleitungen: Emily Fellah
Deutscher Text: Insa Conradi
Covergestaltung und Textsatz: Helene Hillebrand
Printed in China

www.coppenrath.de

# Bevor's losgeht

## Wie dieses Buch funktioniert

In diesem Buch lernst du mit Schritt-für-Schritt-Anleitungen ganz einfach, über 80 Tiere zu zeichnen. Der helle Strich gibt dir den jeweils nächsten Schritt vor. Und so geht's:

## Tipps und Tricks

Drücke am Anfang nur leicht mit dem Bleistift auf, damit du die Hilfslinien später einfach wegradieren kannst.

Sei beim Radieren vorsichtig, damit du dabei nichts von der Zeichnung verwischst oder wegradierst.

Wenn du magst, kannst du deine fertige Zeichnung mit einem Fineliner oder Filzstift umranden und im Anschluss alle Bleistiftlinien wegradieren.

## Du brauchst:

Papier oder Zeichenblock

Bleistift

Radiergummi

Buntstifte

**Extras:** Fineliner oder Filzstifte

## Dein Stil - deine Kunstwerke!

Deine Zeichnungen werden bestimmt ein bisschen anders aussehen als die Bilder
in diesem Buch – und das ist gut so. Denn du bist einzigartig und genauso einzigartig
ist auch dein Zeichenstil. Darauf kannst du stolz sein!

# Plüschhase

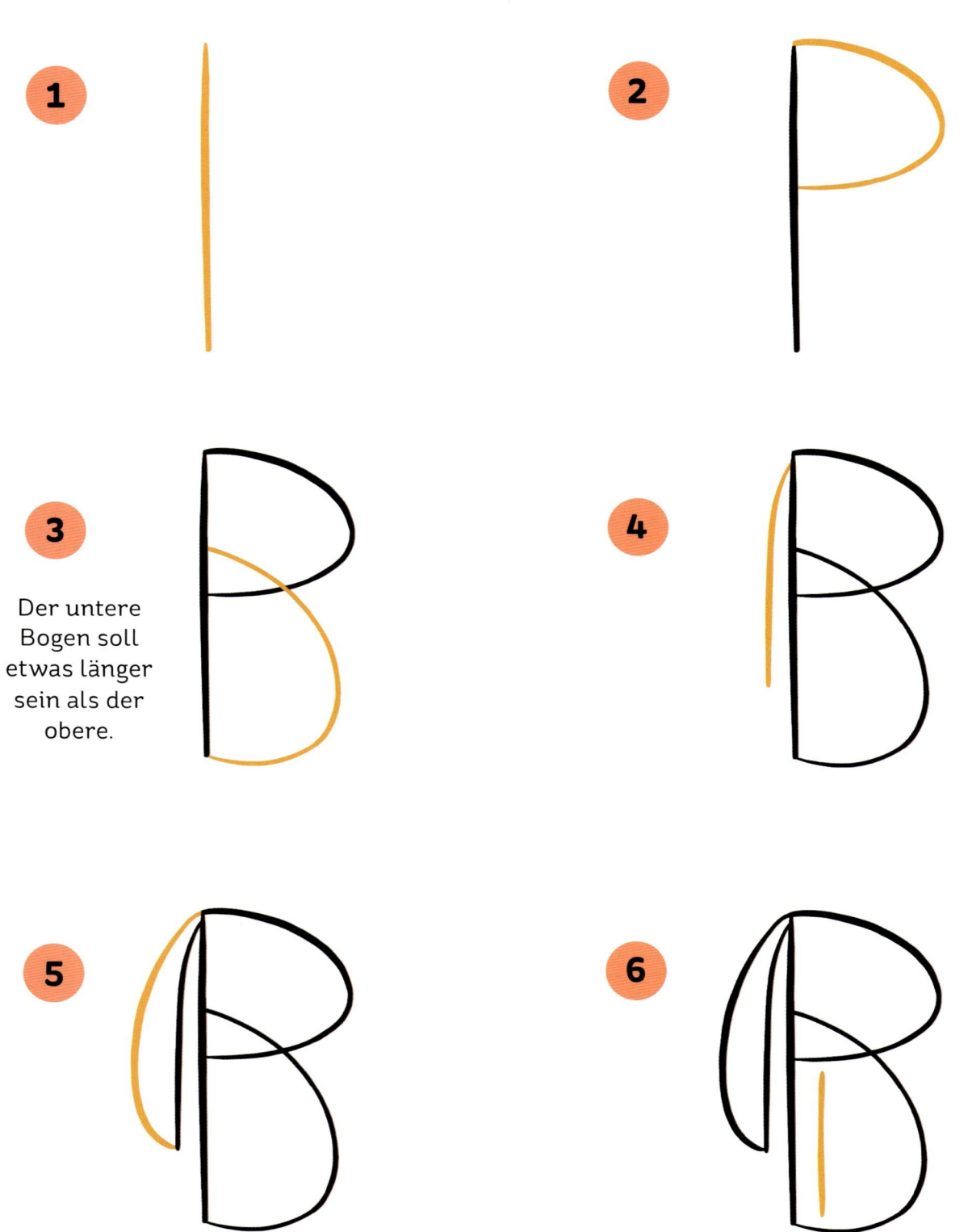

**1**

**2**

**3**

Der untere Bogen soll etwas länger sein als der obere.

**4**

**5**

**6**

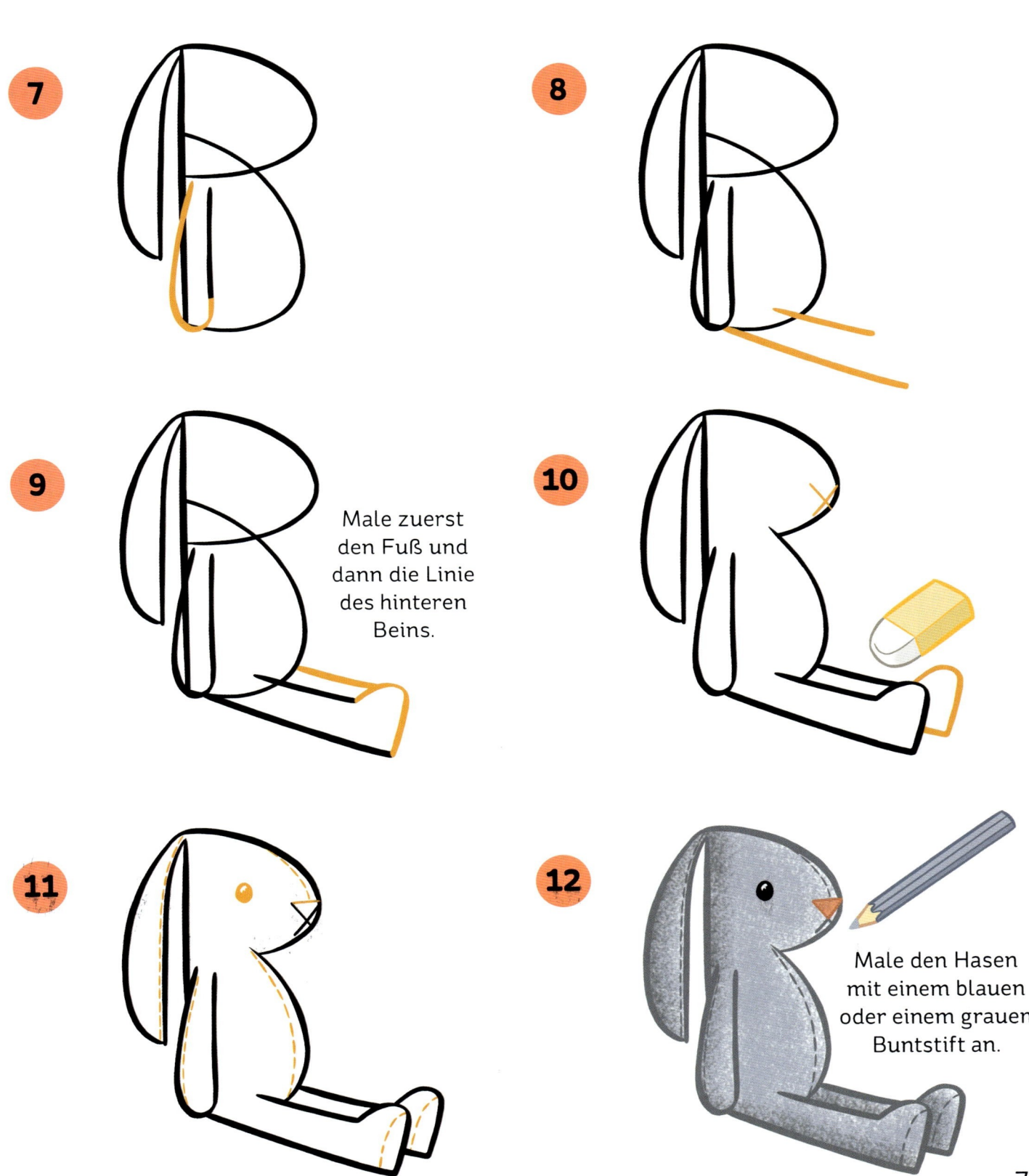

**7**

**8**

**9** Male zuerst den Fuß und dann die Linie des hinteren Beins.

**10**

**11**

**12** Male den Hasen mit einem blauen oder einem grauen Buntstift an.

# Scottish Terrier

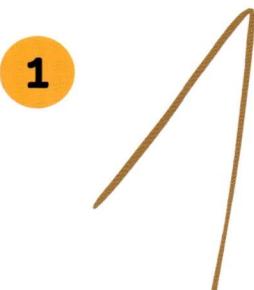

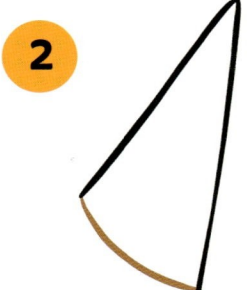

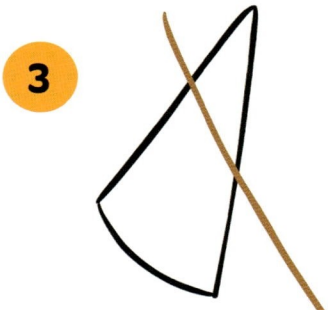

Schau genau auf
die Vorlage, wenn du
diese Linie zeichnest.

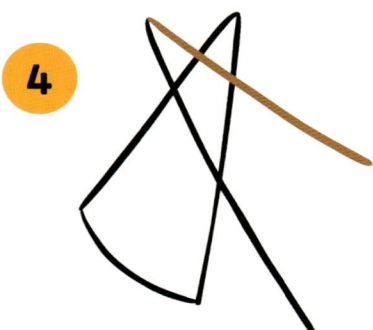

Jetzt hat dein Hund
zwei Ohren.

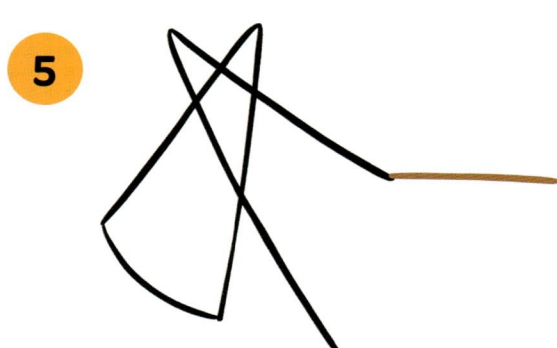

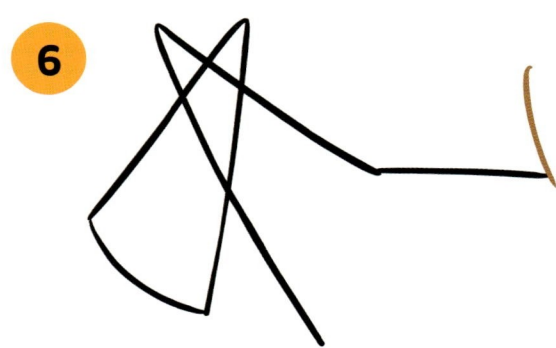

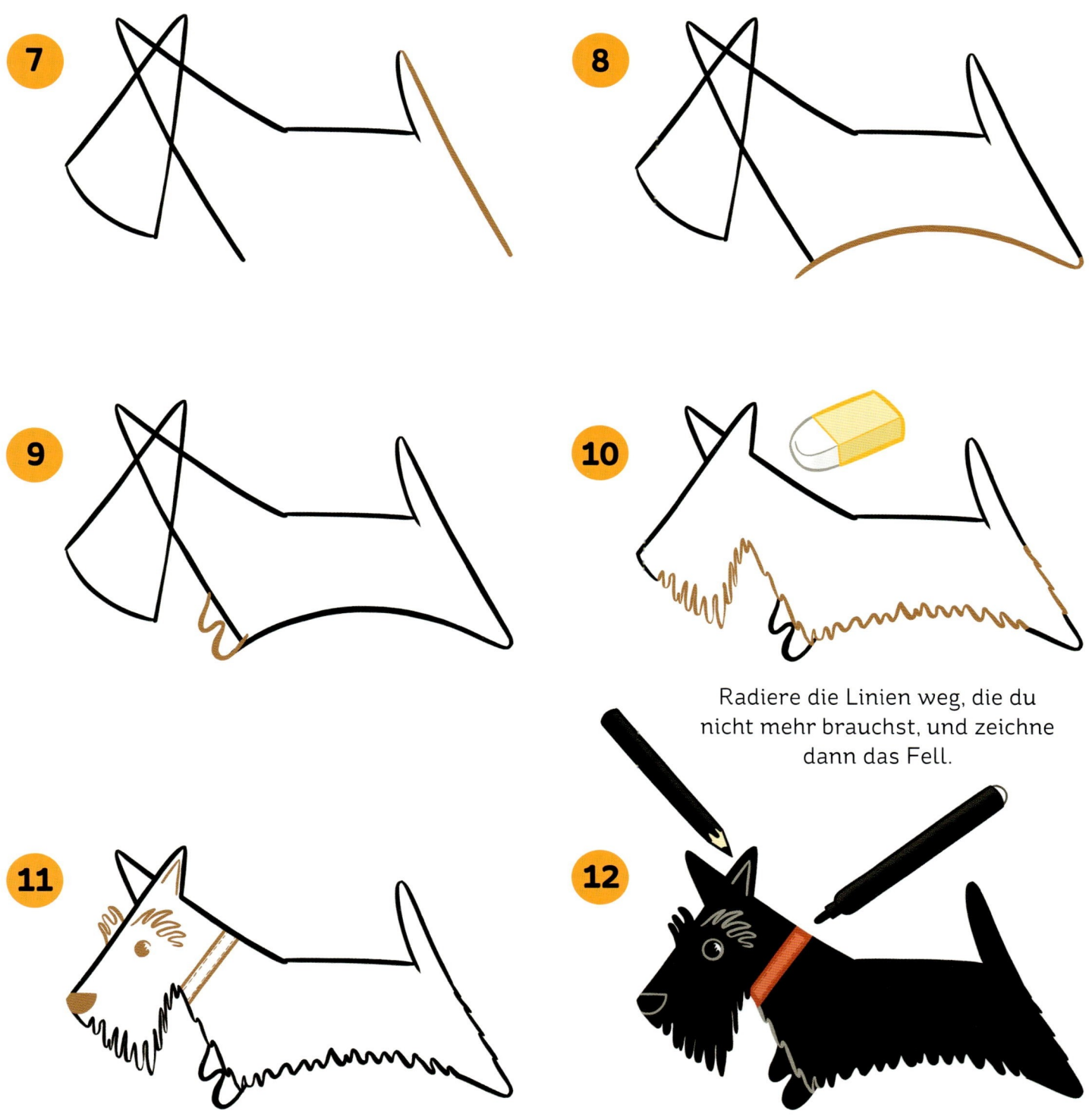

**7**

**8**

**9**

**10**

Radiere die Linien weg, die du
nicht mehr brauchst, und zeichne
dann das Fell.

**11**

**12**

Umrande deine Linien mit einem
schwarzen Stift und male den Hund
dann so aus, dass das Gesicht noch
gut zu erkennen ist.

# Iguanodon

Schaffst du es, die Körperform
genauso zu zeichnen wie
in der Vorlage?

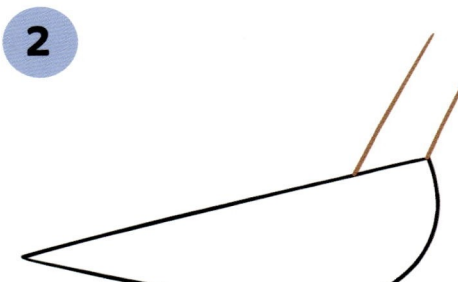

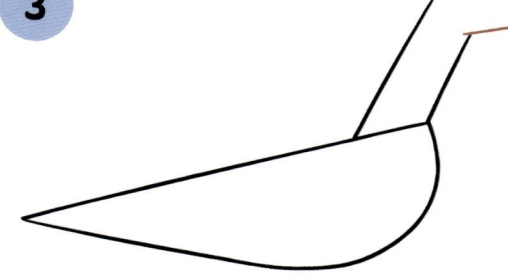

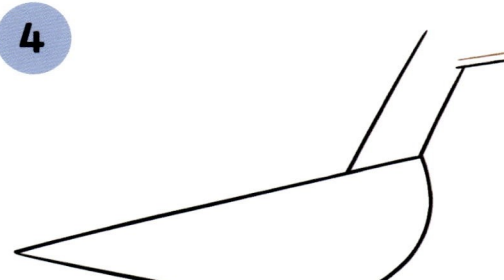

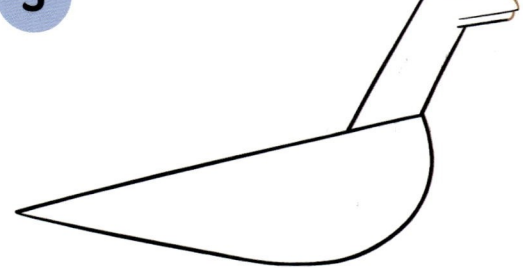

Wenn du diese letzte Linie
gezeichnet hast, ist der Kopf fertig.

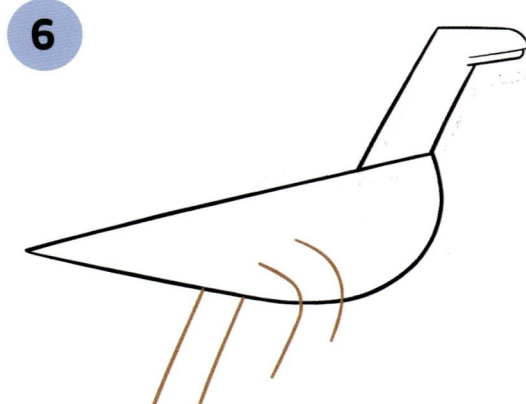

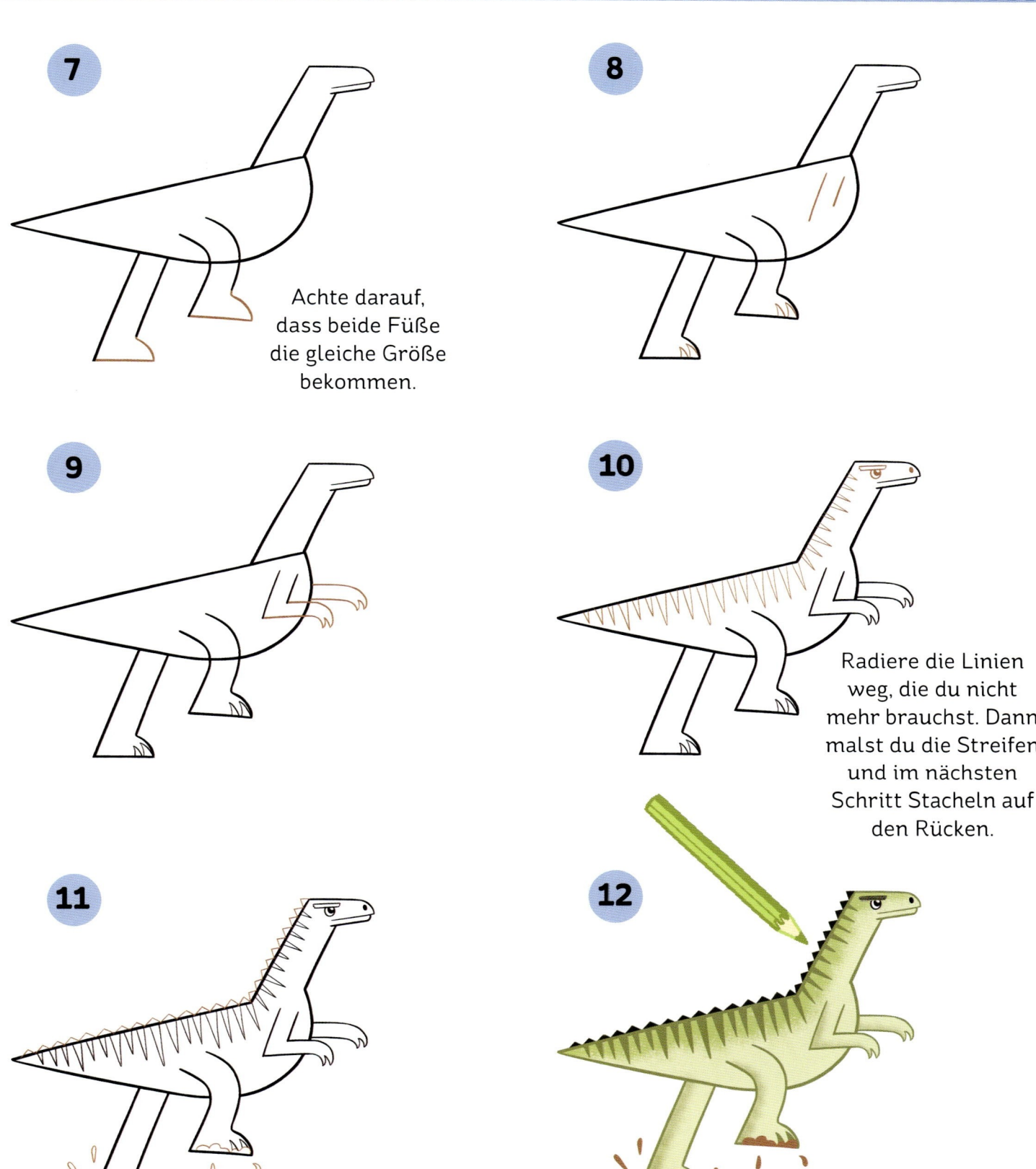

**7**

Achte darauf,
dass beide Füße
die gleiche Größe
bekommen.

**8**

**9**

**10**

Radiere die Linien
weg, die du nicht
mehr brauchst. Dann
malst du die Streifen
und im nächsten
Schritt Stacheln auf
den Rücken.

**11**

**12**

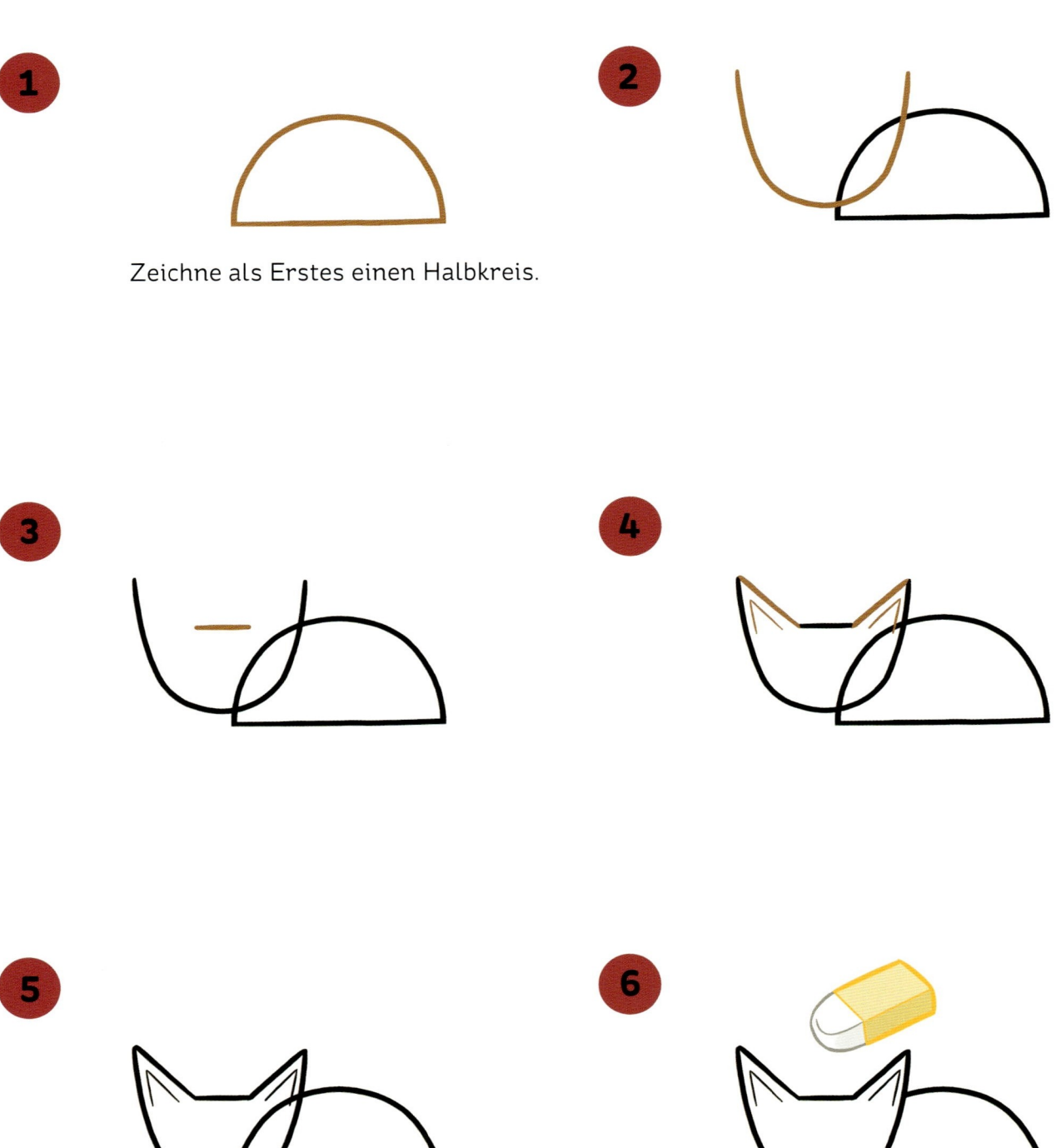

**1** Zeichne als Erstes einen Halbkreis.

**6** Wenn du das zweite Bein gemalt hast, radiere die Linien weg, die du nicht mehr brauchst.

**7**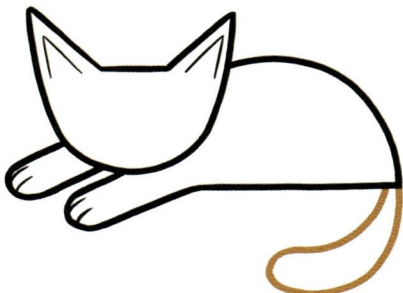

**8**

**9**

**10**

**11**

**12** Male die Katze schwarz an, aber achte darauf, dass einige Stellen weiß bleiben.

# Fisch

**1**

**2**

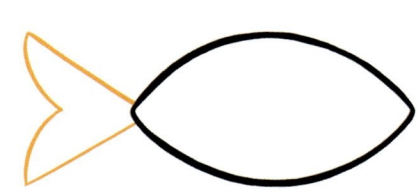

**3**

Aufgepasst: Die beiden Flossen haben unterschiedliche Formen.

**4**

**5**

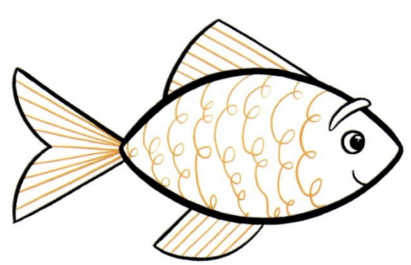

Zeichne dem Fisch nach Lust und Laune ein schönes Muster.

**6**

Male die Flossen in einem hellen Orangeton aus, sodass sie durchsichtig wirken.

# Rennmaus

**1**

**2**

**3**

Nachdem du die Ohren
gemalt hast, radierst du
die Hilfslinien weg.

**4**

**5**

**6**

Umrande die
Maus mit feinen
Wellenlinien und
lass beim Ausmalen
die Körpermitte
weiß.

# Pandabär

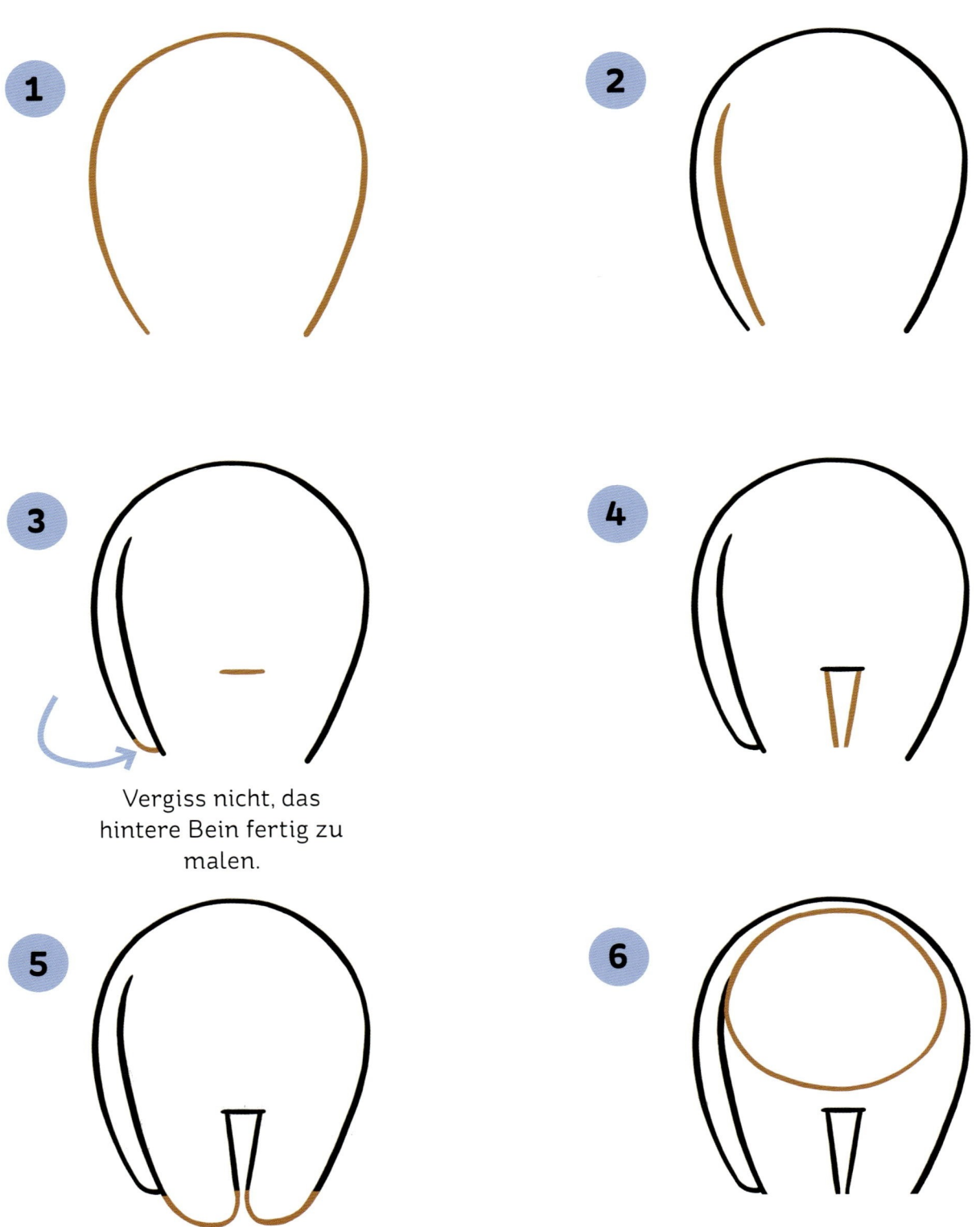

Vergiss nicht, das hintere Bein fertig zu malen.

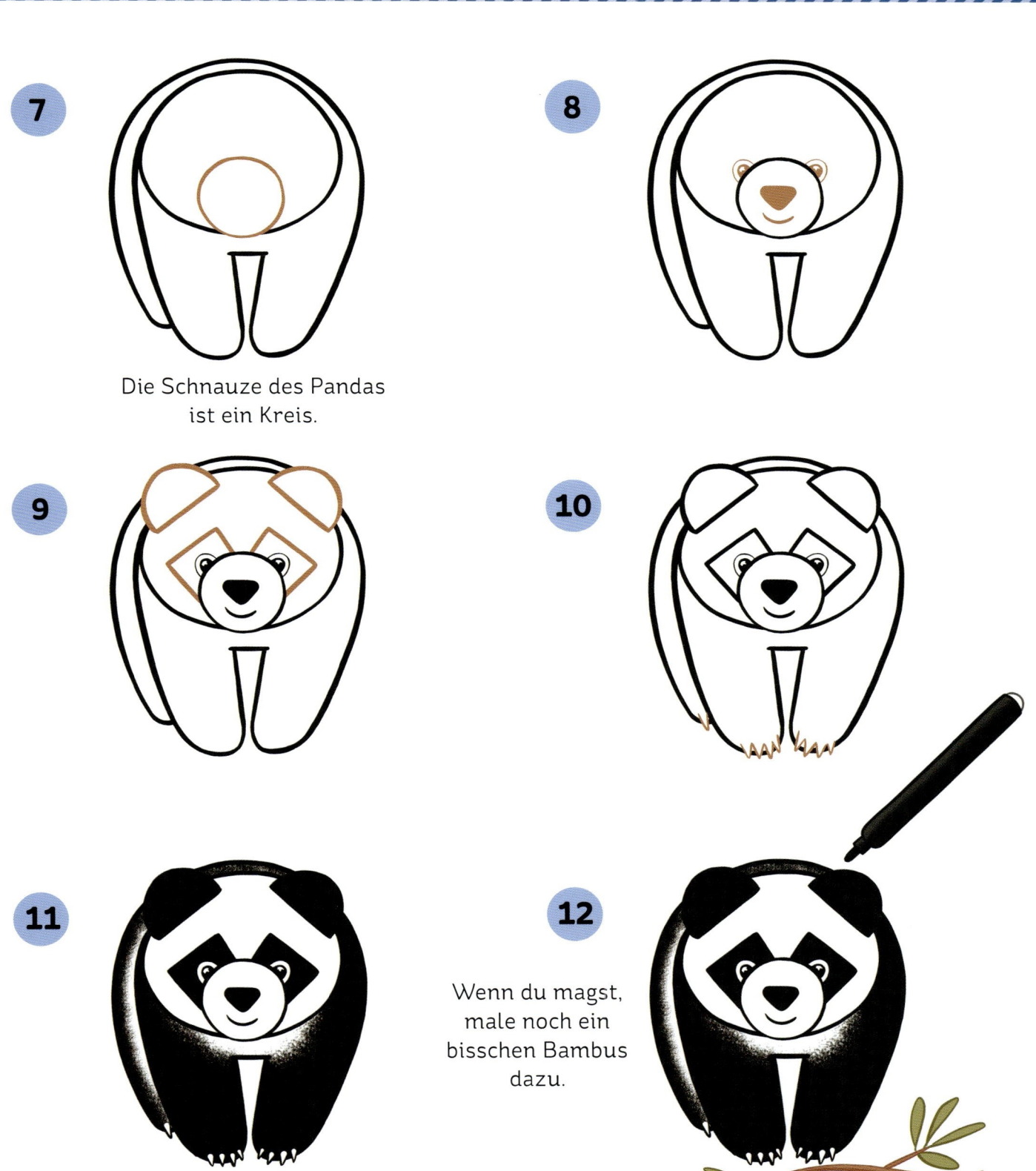

**7**

Die Schnauze des Pandas
ist ein Kreis.

**8**

**9**

**10**

**11**

Male die Augenpartie, die Ohren und einen
großen Teil des Körpers schwarz aus.
Lass dabei einige Flächen weiß.

**12**

Wenn du magst,
male noch ein
bisschen Bambus
dazu.

# Fuchs

**1** Achte darauf, dass du auf der rechten Seite genug Platz für einen buschigen Schwanz lässt.

**2** Das Dreieck für den Kopf ist so groß wie der Körper, hat aber eine etwas andere Form.

**3**

**4**

**5** Radiere die Linien weg, die du nicht mehr brauchst. Male dann das Gesicht.

**6**

# Wolken

Lass dir Zeit, wenn du die Wolken malst.

Hast du Lust, mit den Augenbrauen zu experimentieren?

Verändere die Regenbogenlinien so lange, bis du zufrieden bist.

**1**

**2**

**3**

**4**

Sehr gut, der Korb ist fertig! Nun kannst du
mit dem Kopf der Katze anfangen.

**5**

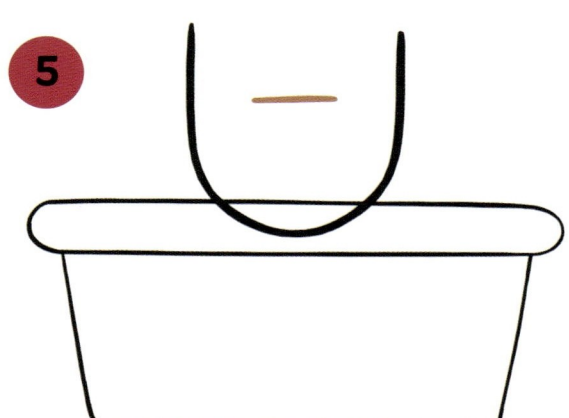

**6**

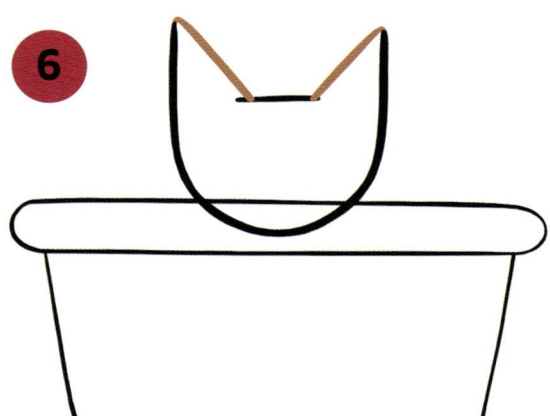

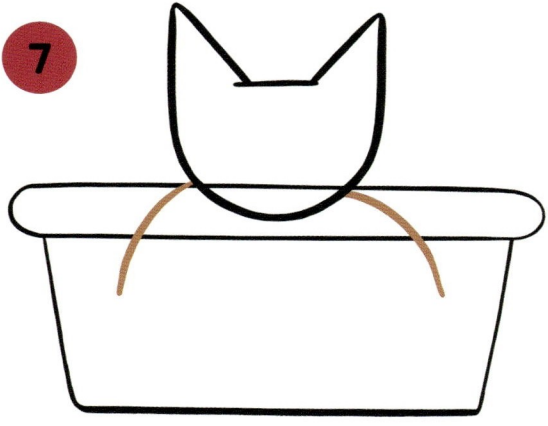

Die kurvigen Linien für die Arme
beginnen am oberen Rand des Korbs.

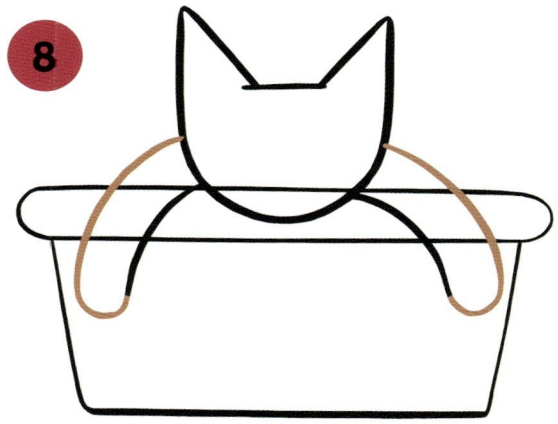

Male waagerechte Linien für die Struktur
vom Weidenkorb. Am Korbrand malst du
die Linien von oben nach unten.

# Hängebauchschwein

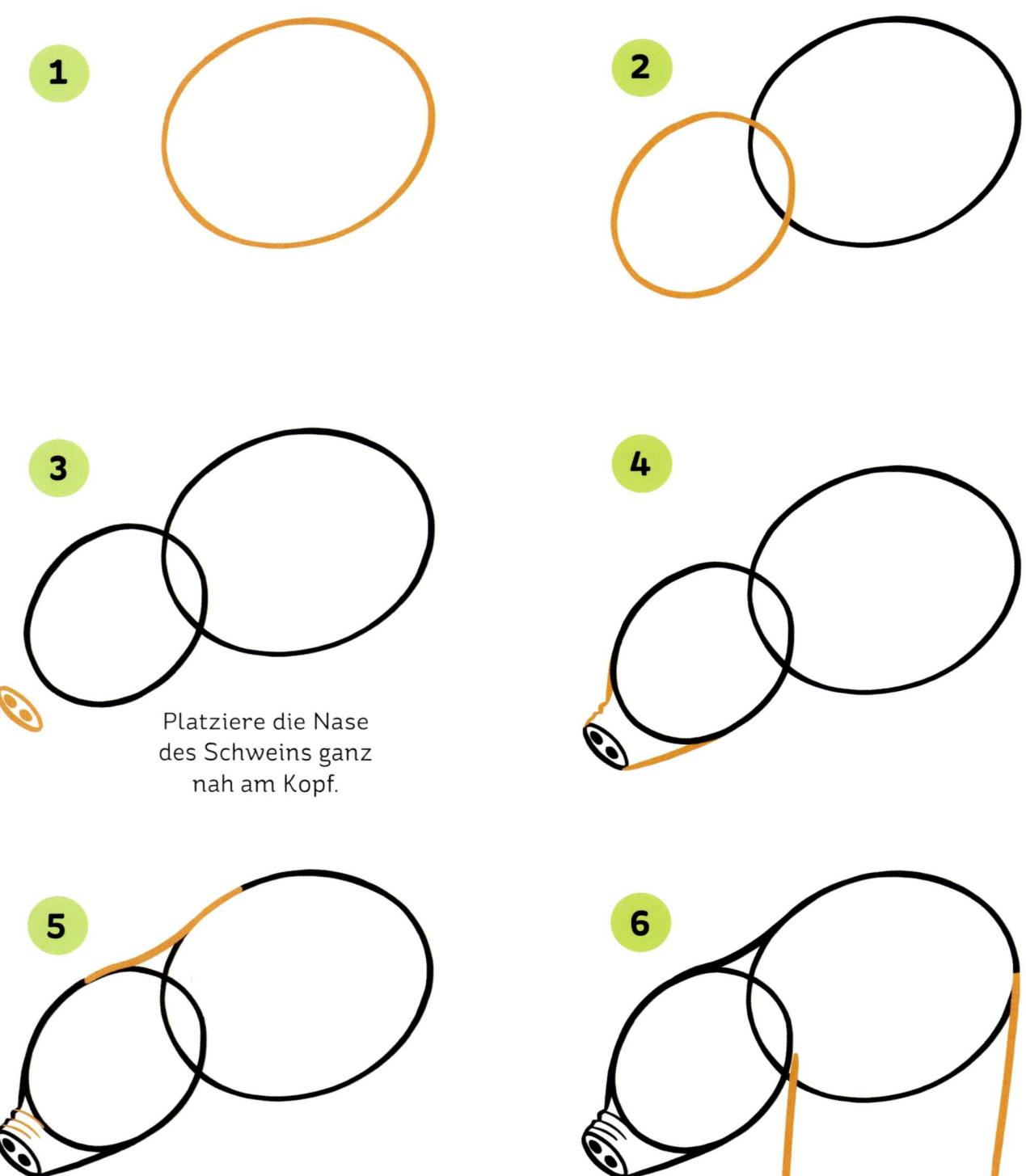

Platziere die Nase
des Schweins ganz
nah am Kopf.

22

**7**

Male die Vorderbeine fertig und
radiere die Hilfslinien weg.

**8**

**9**

**10**

**11**

**12**

Male das Schwein in einer hellen Farbe aus und
ergänze dann noch ein paar schwarze Flecken.

# Parasaurolophus

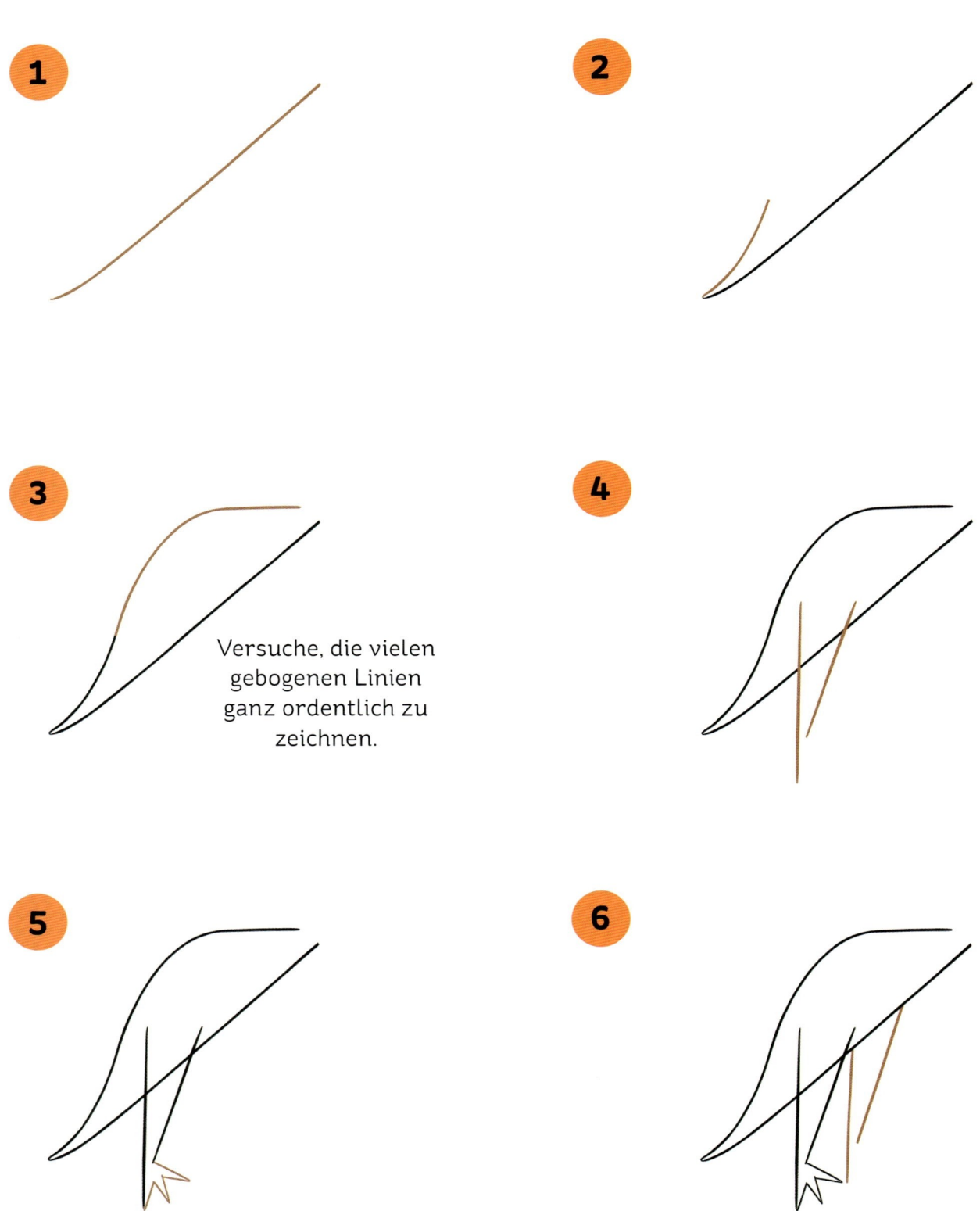

**1**

**2**

**3**

Versuche, die vielen gebogenen Linien ganz ordentlich zu zeichnen.

**4**

**5**

**6**

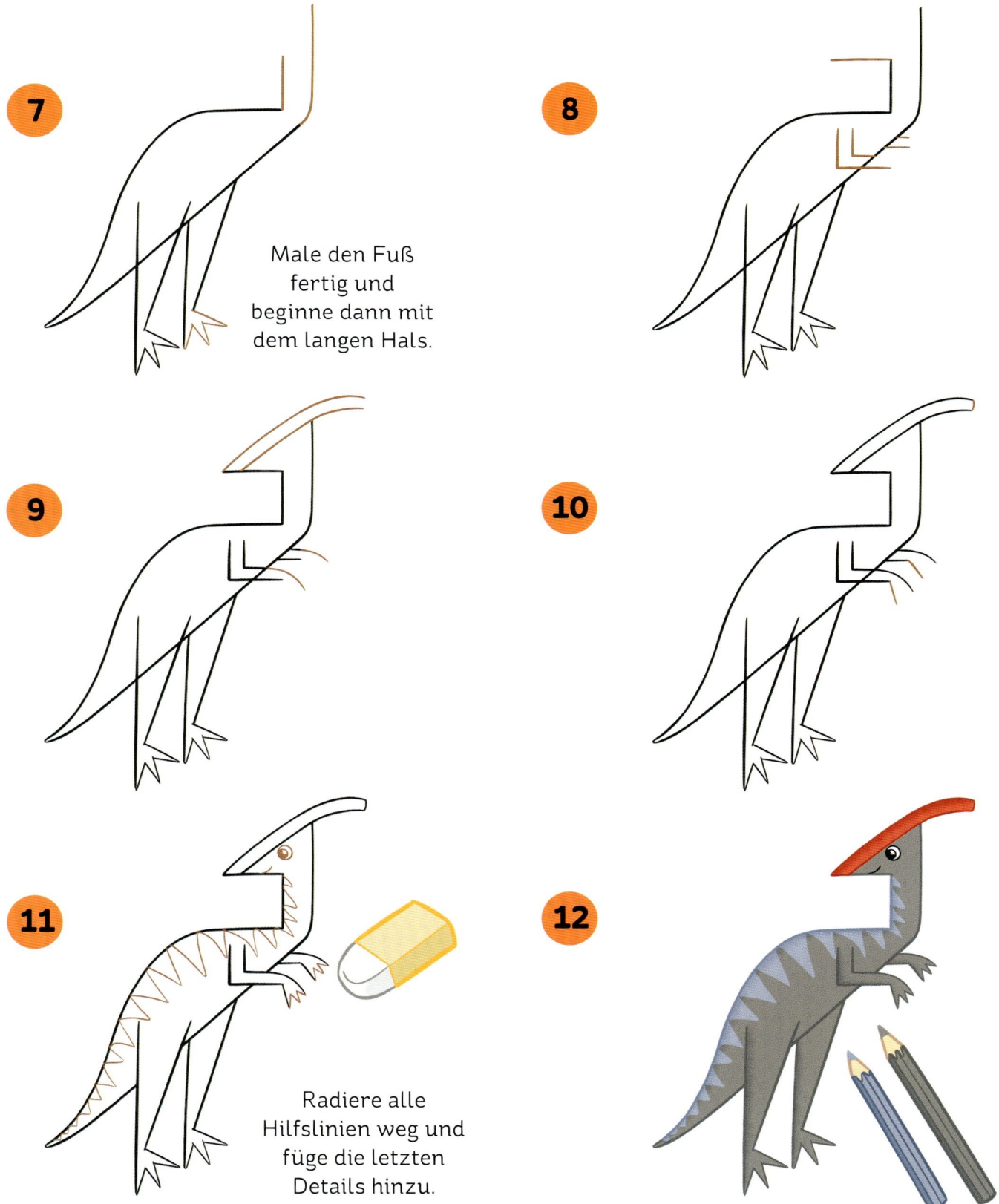

**7** Male den Fuß fertig und beginne dann mit dem langen Hals.

**8**

**9**

**10**

**11** Radiere alle Hilfslinien weg und füge die letzten Details hinzu.

**12**

# Dressurpferd

**1**

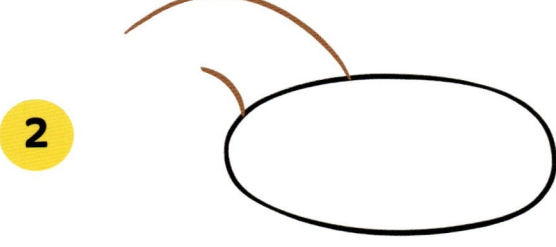

**2**

Die obere Linie
soll stark gebogen sein.

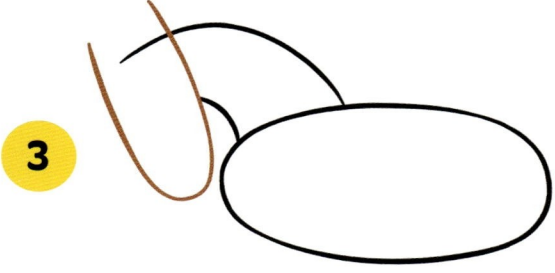

**3**

Aus dem länglichen U werden
der Kopf und die Ohren.

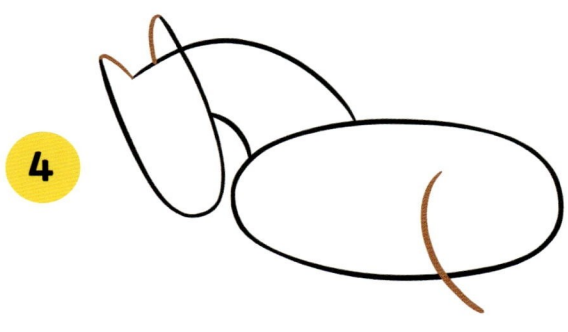

**4**

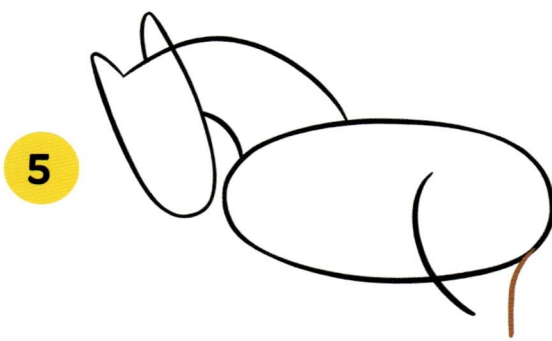

**5**

**6**

Die Beine sind gar nicht so
einfach. Folge der Anleitung
ganz in Ruhe.

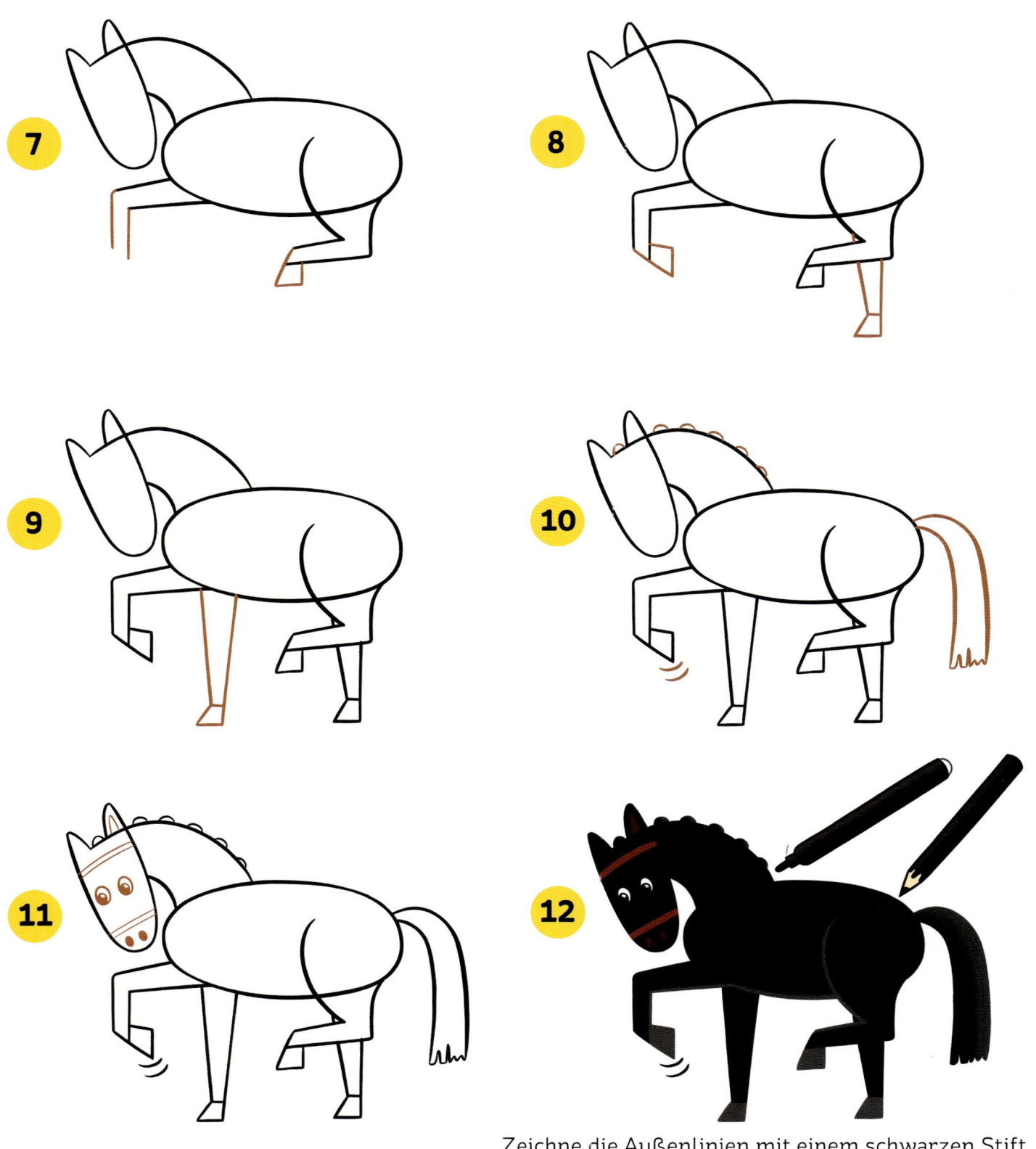

Zeichne die Außenlinien mit einem schwarzen Stift nach, radiere die Bleistiftlinien weg und male den Körper des Pferdes dann schwarz an.

**1**

Beginne mit einer zarten
Bleistiftlinie.

**2**

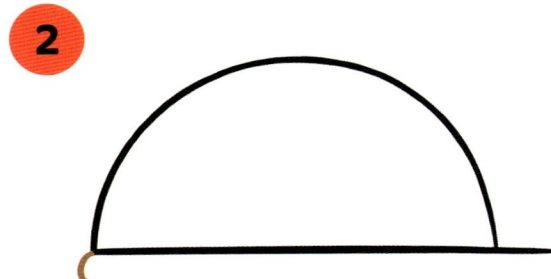

**3**

Gehe sorgfältig vor,
damit der Schwanz die richtige
Form bekommt.

**4**

**5**

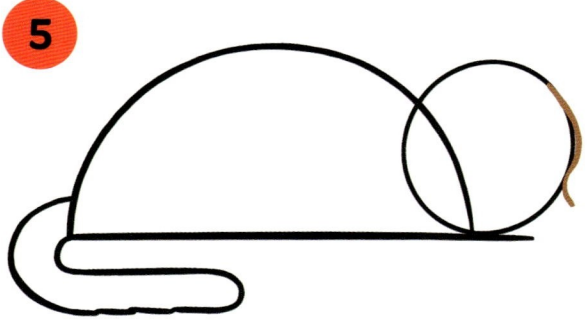

**6**

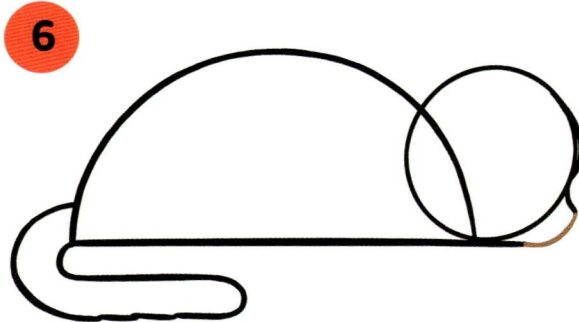

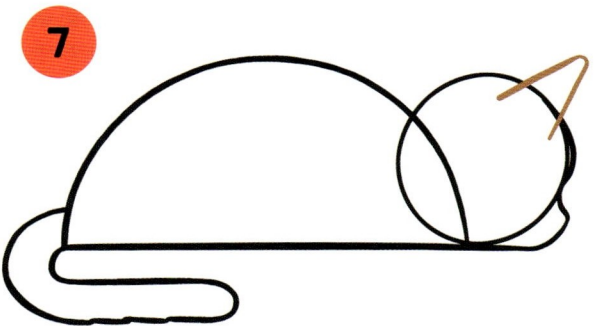

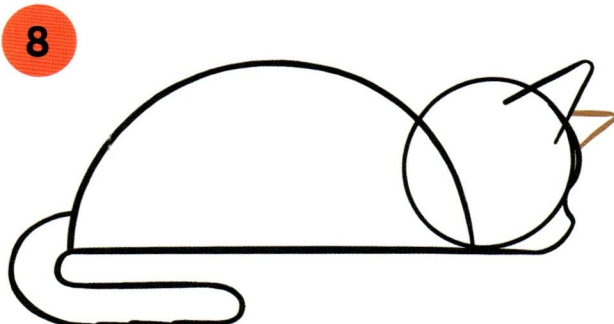

Radiere die Hilfslinien weg
und male die Pfote.

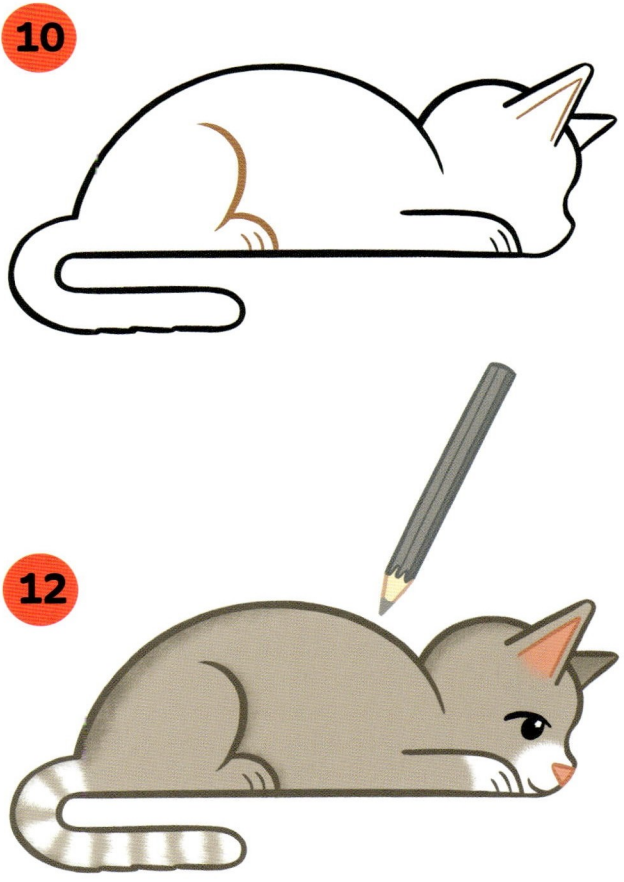

Du kannst die ganze Katze oder nur
den Schwanz gestreift anmalen.

# Tyrannosaurus rex

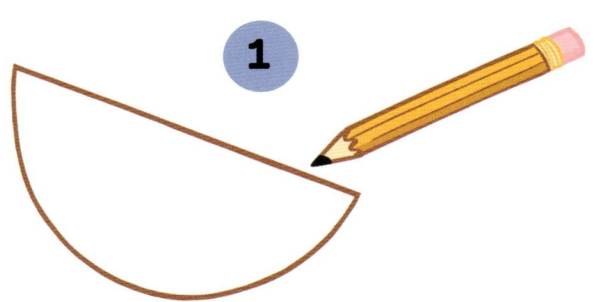

**1**

Beginne mit einer
gebogenen und einer
geraden Linie.

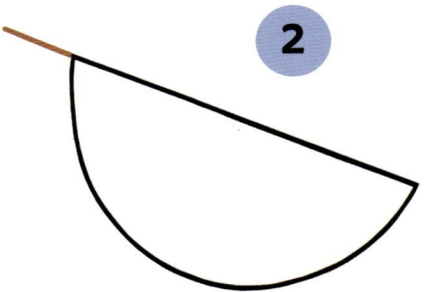

**2**

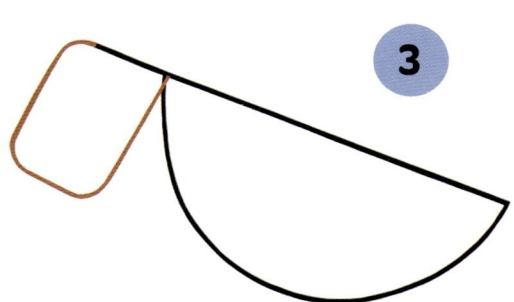

**3**

Der Kopf hat die Form
eines Rechtecks mit
abgerundeten Ecken.

Hier sitzt
der Hals.

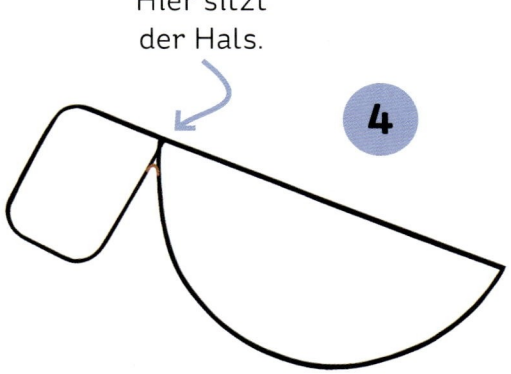

**4**

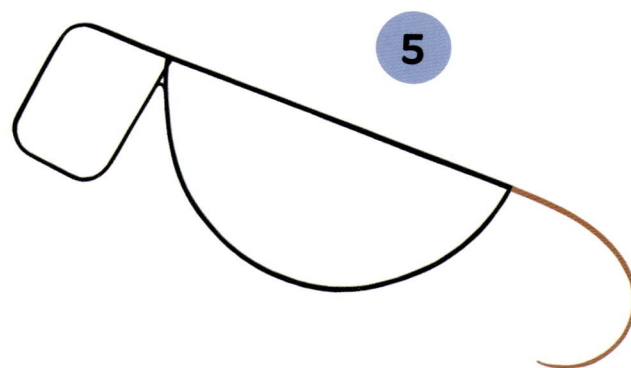

**5**

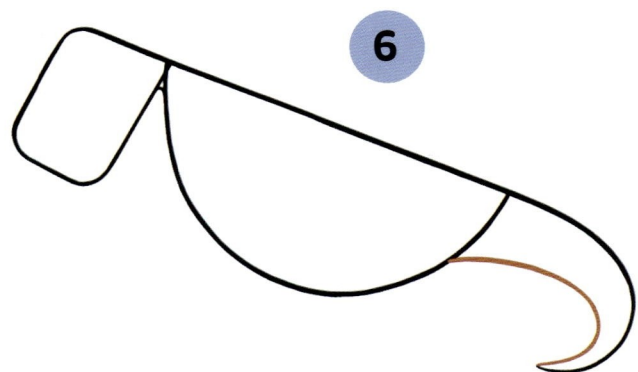

**6**

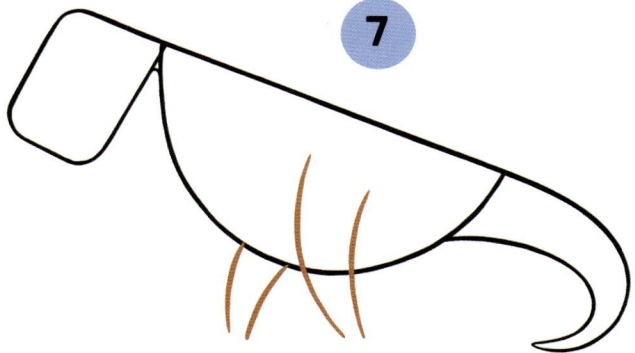

**7**

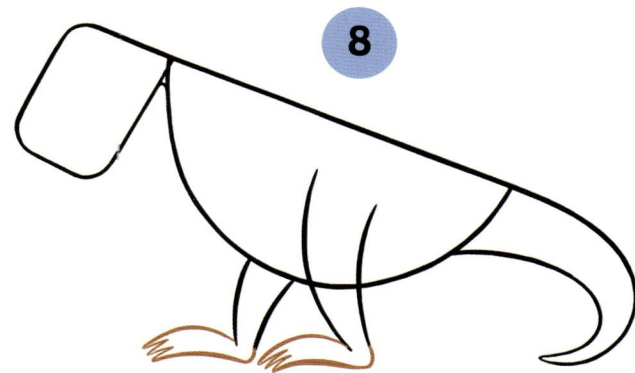

**8**

Beginne mit den gebogenen Linien
für die Füße und füge dann
die Zehen hinzu.

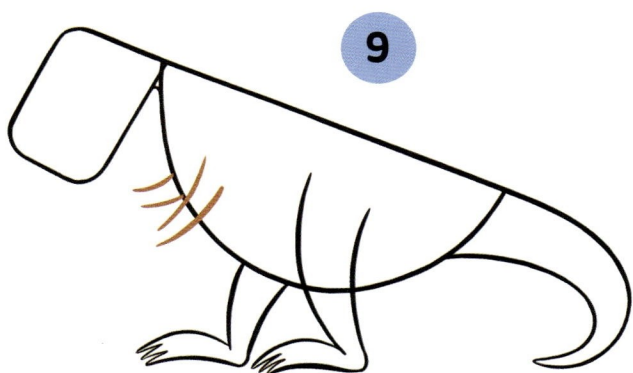

**9**

**10**

Radiere die Hilfslinien weg und
male dann die Hände.

**11**

Male dem T-rex spitze Zähne und setze
dann Flecken auf den Rückenpanzer.

**12**

# Husky-Welpe

**1** Male ein schmales Dreieck und lasse oben eine Öffnung.

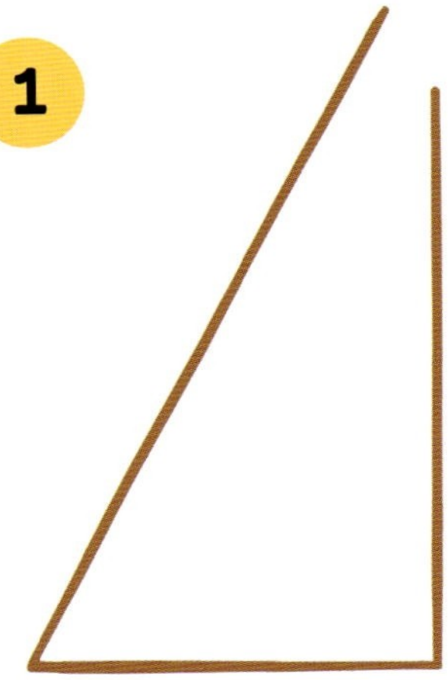

**2** Aus der Spitze wird nun ein Ohr.

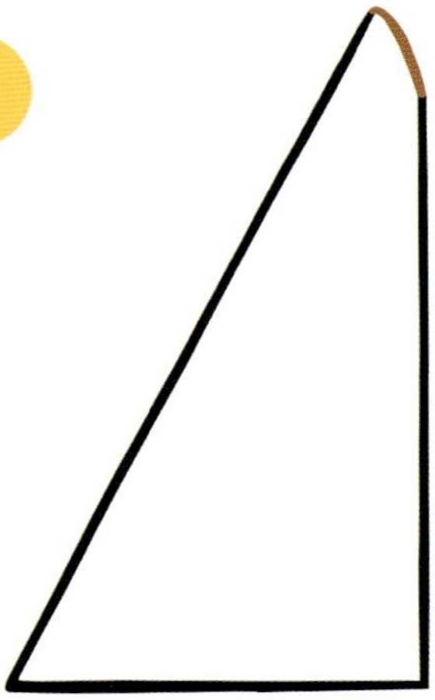

**3**

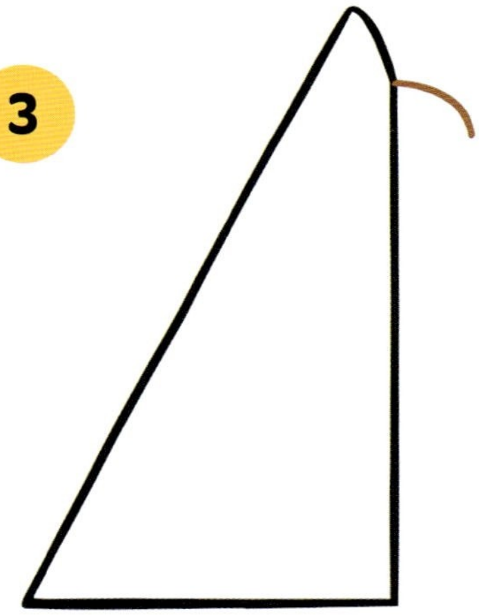

**4**

**5** Das Profil deines Huskys ist jetzt fertig.

**6**

**7**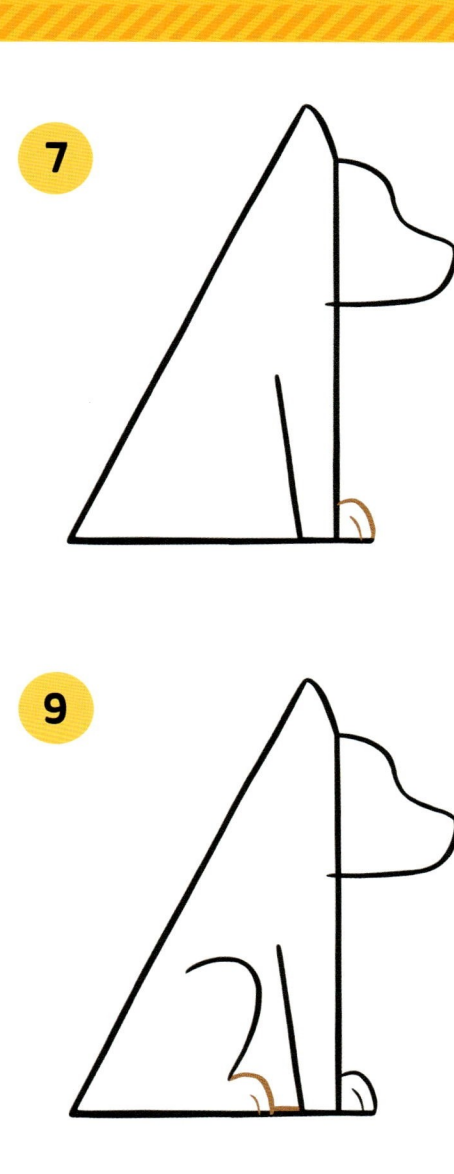

**8**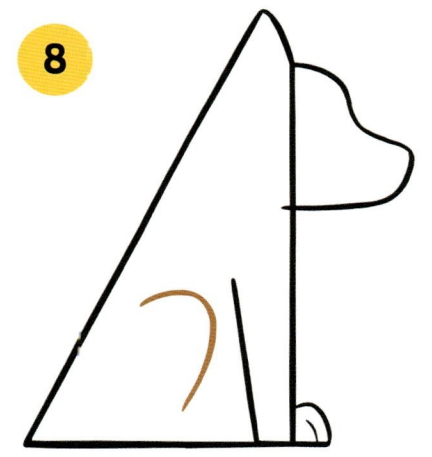

**9**

**10**

**11**

**12**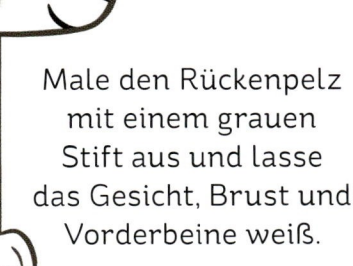

Male den Rückenpelz mit einem grauen Stift aus und lasse das Gesicht, Brust und Vorderbeine weiß.

# Spielende Katze

**1** Drücke beim Zeichnen der Hilfslinien nur leicht mit deinem Bleistift auf, damit du sie später wieder wegradieren kannst.

**2**

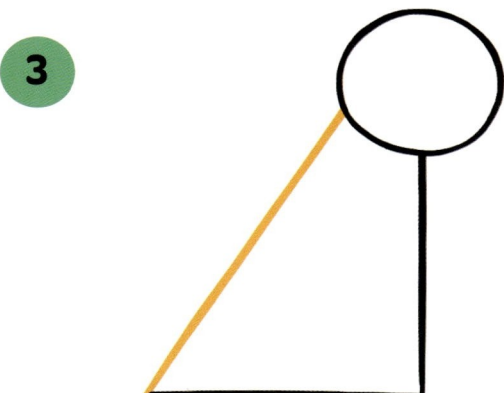

**3**

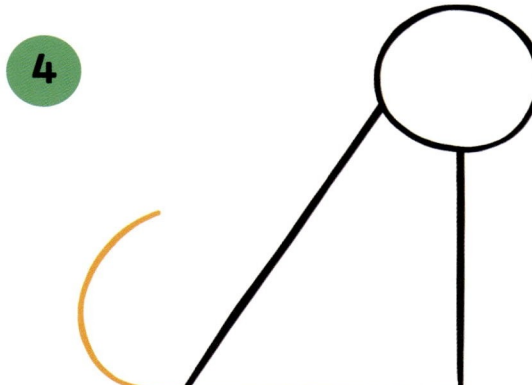

**4**

**5**

Mit dieser Linie malst du den Schwanz fertig.

**6**

**7**

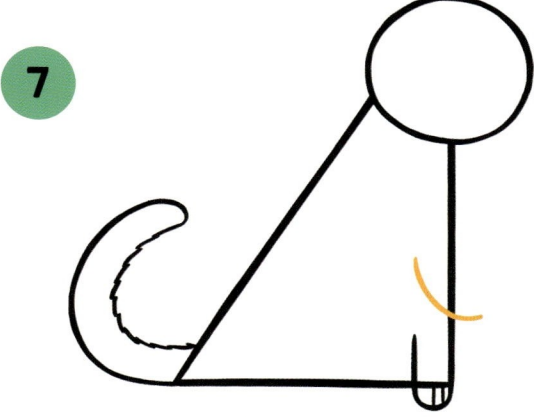

Das zweite Bein ist gar nicht so einfach. Nimm dir dafür Zeit.

**8**

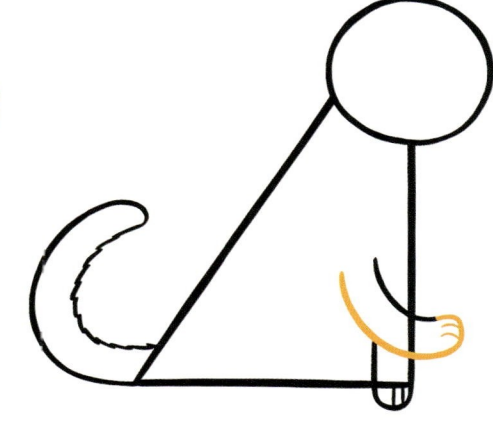

**9**

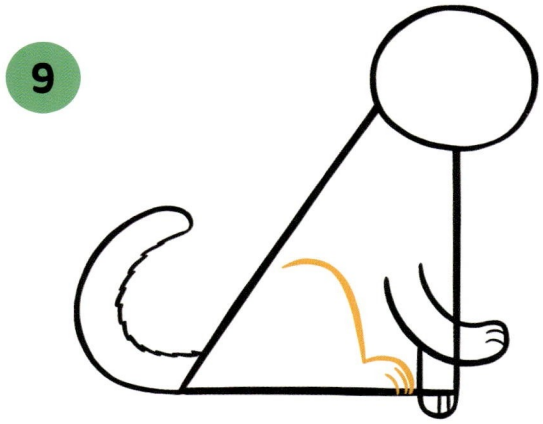

**10**

Radiere die Hilfslinien weg und male die Ohren.

**11**

**12**

Wenn du das Fell ausmalst, lass einige Stellen weiß.

# Roboter

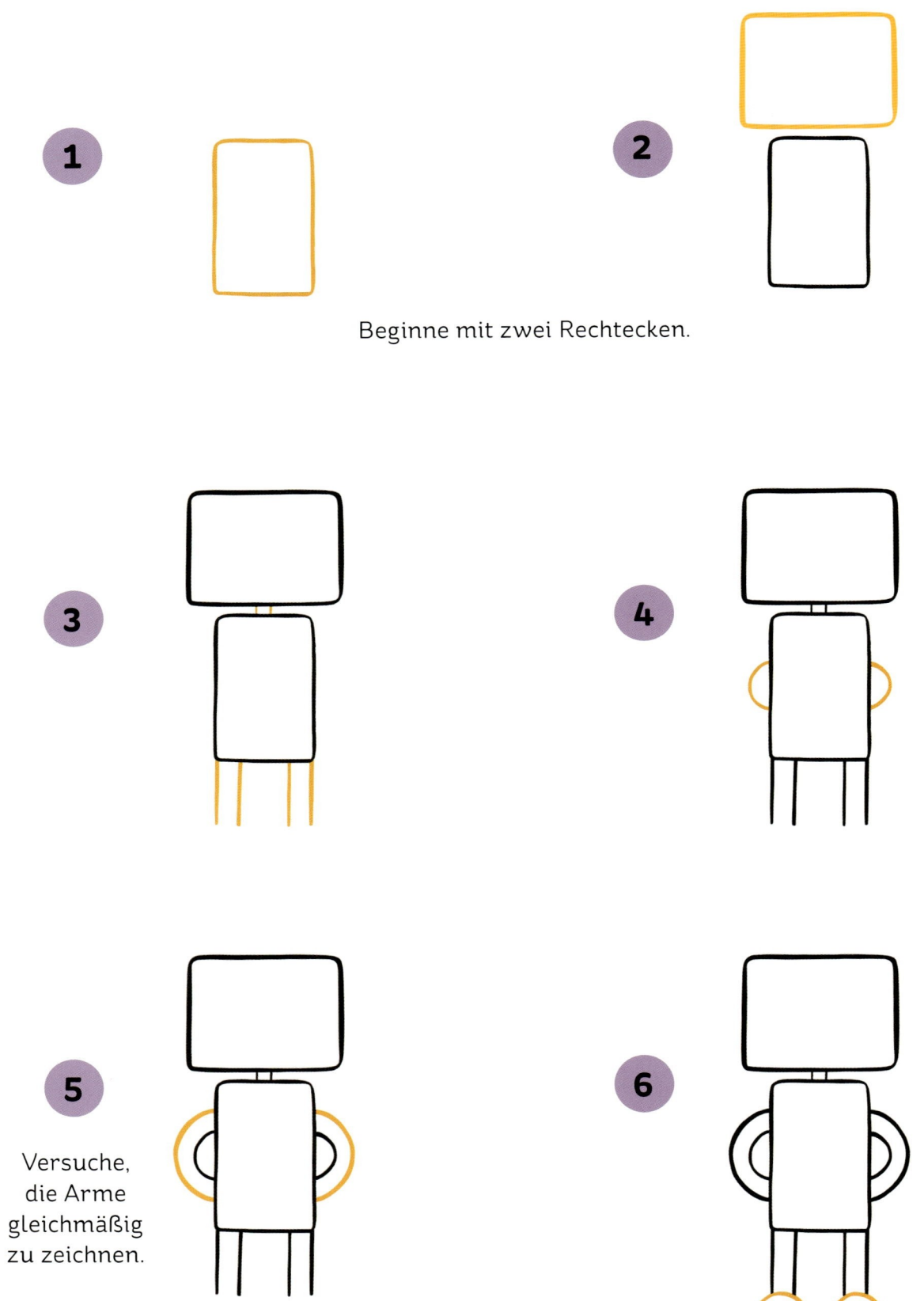

**1** 

**2** Beginne mit zwei Rechtecken.

**3** 

**4** 

**5** Versuche, die Arme gleichmäßig zu zeichnen.

**6**

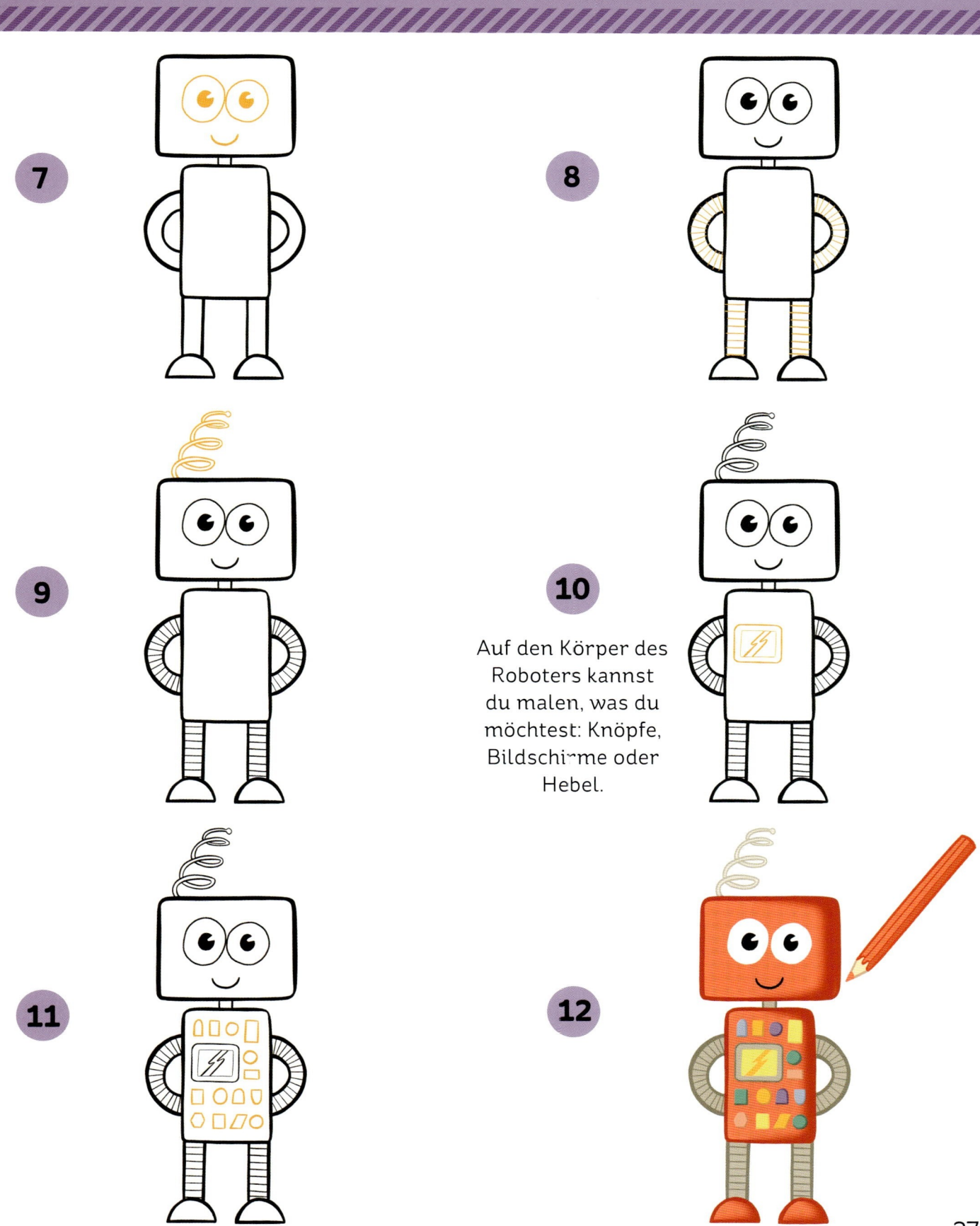

**7**

**8**

**9**

**10**

Auf den Körper des Roboters kannst du malen, was du möchtest: Knöpfe, Bildschirme oder Hebel.

**11**

**12**

# Lhasa-Apso-Hund

**1** Zeichne deine Hilfslinien nur ganz zart mit dem Bleistift vor, damit du sie später leicht wegradieren kannst.

**2**

**3**

**4**

**5** Nimm für die Fell-Linien einen braunen Buntstift.

**6** Umrande den Hund mit wellenförmigen Linien, damit das Fell flauschig wirkt.

# Cairn-Terrier

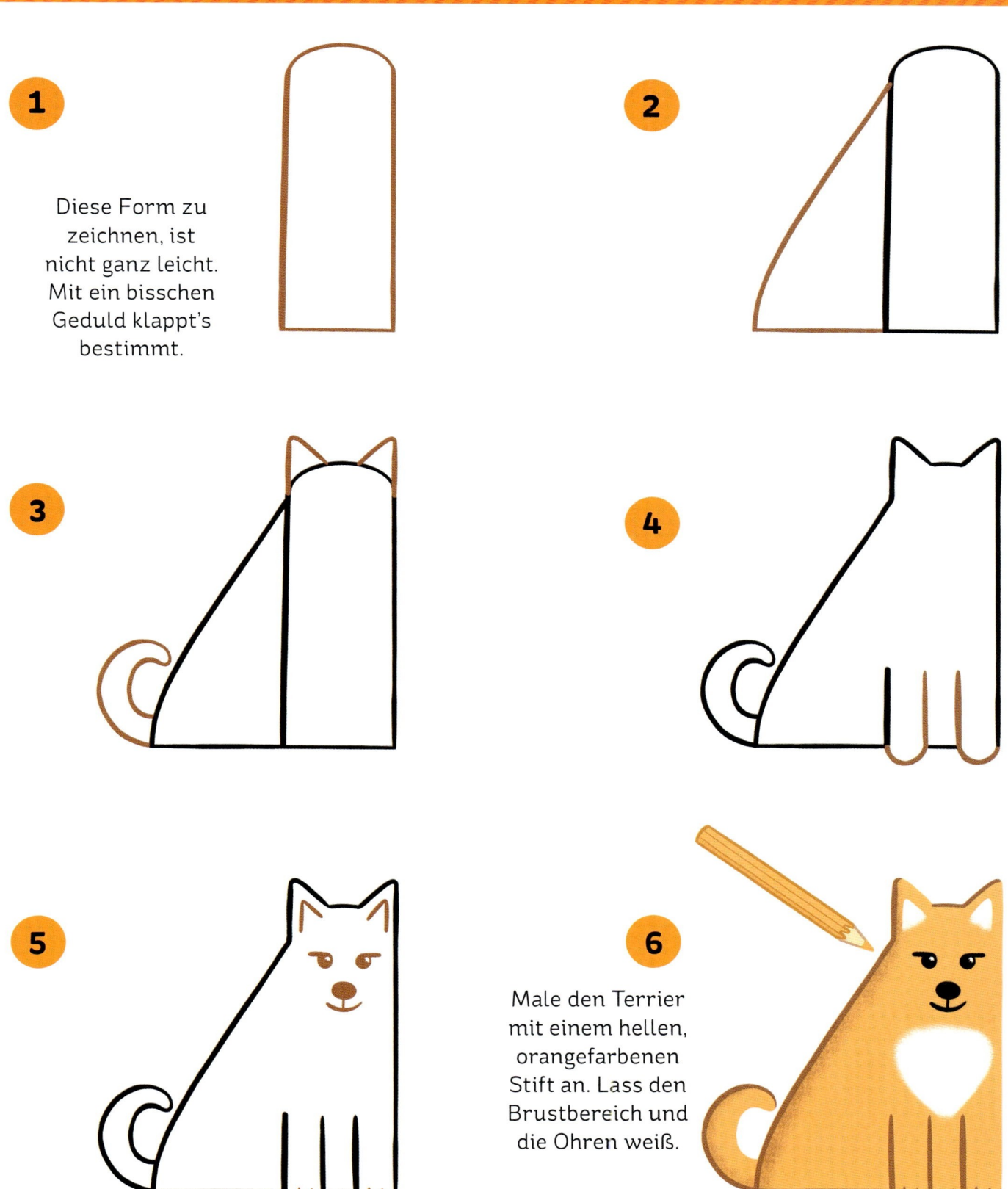

**1** Diese Form zu zeichnen, ist nicht ganz leicht. Mit ein bisschen Geduld klappt's bestimmt.

**2**

**3**

**4**

**5**

**6** Male den Terrier mit einem hellen, orangefarbenen Stift an. Lass den Brustbereich und die Ohren weiß.

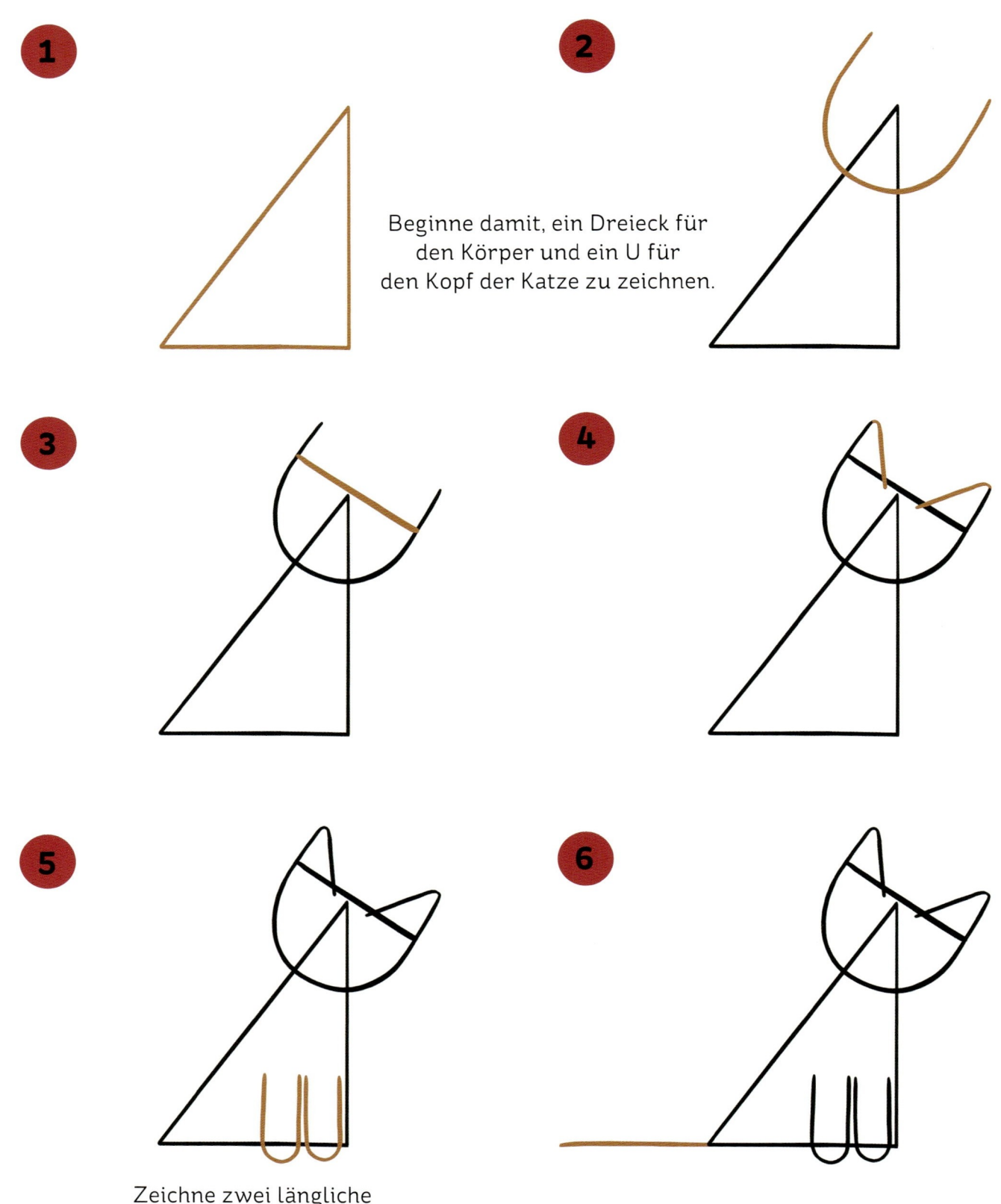

**1**

Beginne damit, ein Dreieck für
den Körper und ein U für
den Kopf der Katze zu zeichnen.

**2**

**3**

**4**

**5**

Zeichne zwei längliche
Us für die Beine.

**6**

**7**

**8** Füge ein paar gezackte Linien hinzu und radiere die Linien weg, die du nicht mehr brauchst.

**9**

**10**

**11**

**12**

Male die Katze zuerst mit einem grauen Stift aus und lass einige Flächen weiß.
Füge dann mit einem schwarzen Stift Streifen dazu.

# Dachs

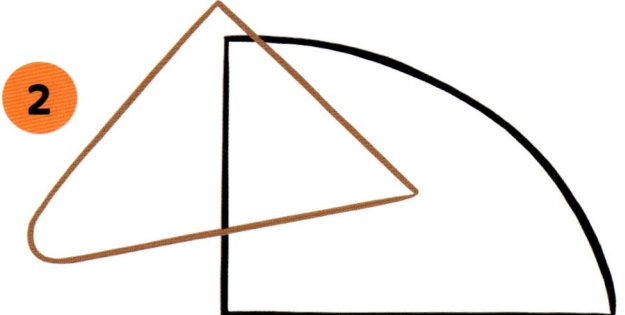

Male die Form des Kopfes
in aller Ruhe.

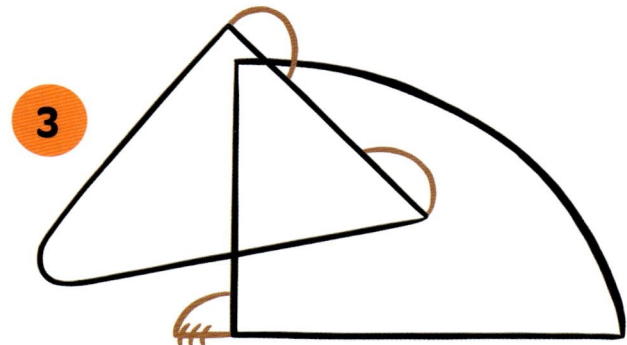

Zeichne die zweite Pfote
und den Schwanz.
Radiere dann die Hilfslinien
weg, die du nicht mehr
brauchst.

Beginne mit den Augen
und der Nase. Füge danach
das Muster auf Gesicht
und Schwanz hinzu.

Du kannst den Körper
ganz schwarz ausmalen
oder einige Fell-Linien
weiß lassen.

# Schildkröte

**1**

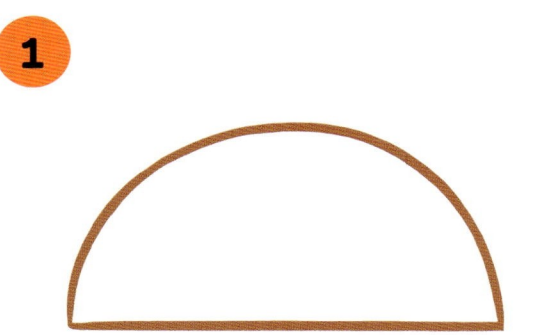

**2**

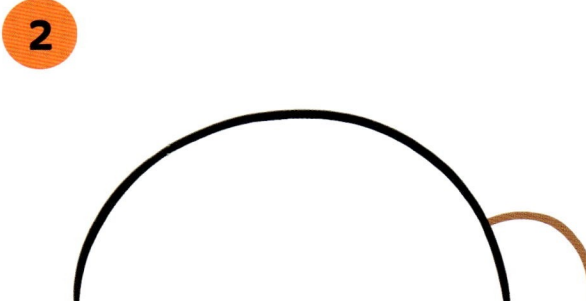

**3**

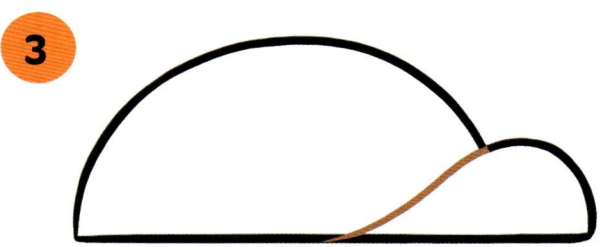

Sobald du diese Kurve gezeichnet hast, kannst du die Linie am Kopf wegradieren.

**4**

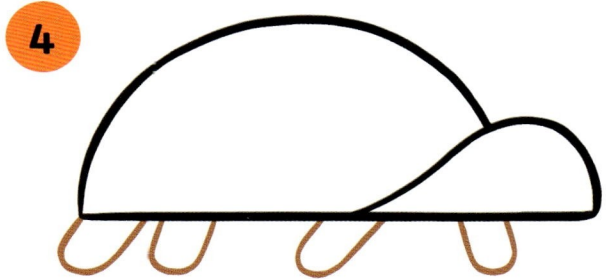

**5**

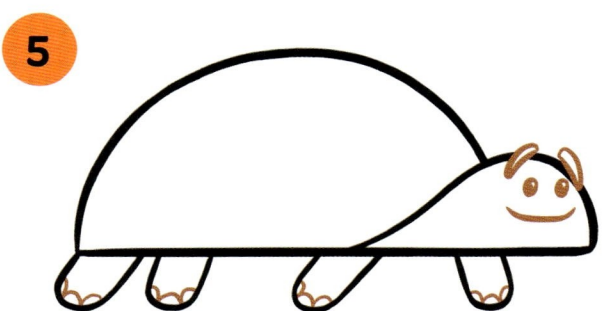

**6**

Entwirf dein eigenes Muster für den Panzer und male ihn in den Farben aus, die dir gefallen.

# Spinosaurus

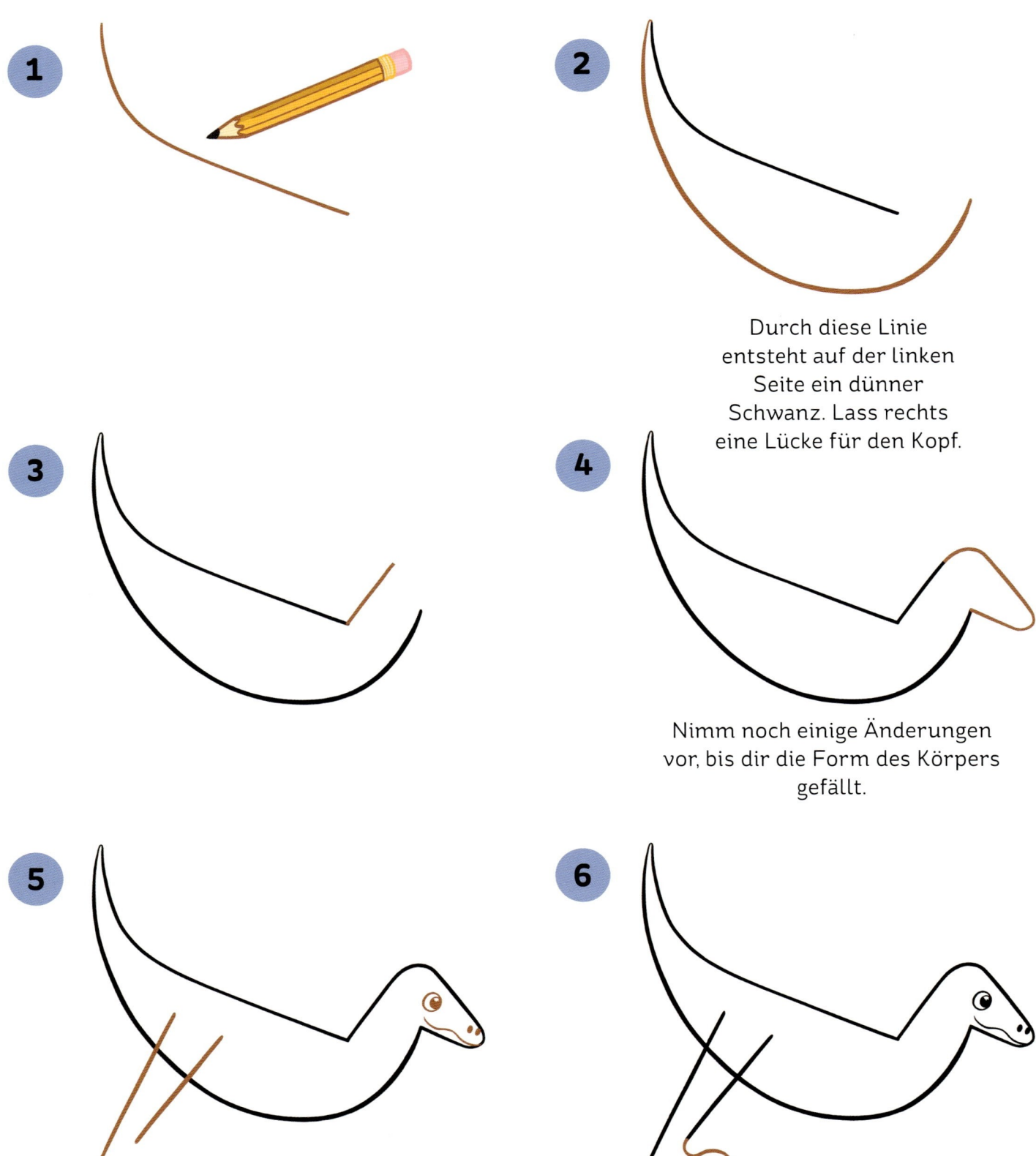

**1**

**2**

Durch diese Linie
entsteht auf der linken
Seite ein dünner
Schwanz. Lass rechts
eine Lücke für den Kopf.

**3**

**4**

Nimm noch einige Änderungen
vor, bis dir die Form des Körpers
gefällt.

**5**

**6**

**7**

**8**

Für das zweite
Bein musst du zwei
scharfe Kurven
zeichnen.

**9**

**10**

**11**

**12**

Viel Spaß beim Malen der Details!

# Meerschweinchen

**1** Beginne mit einer zarten Bleistiftlinie.

**2**

**3**

**4**

**5**

Diese gebogene Linie vollendet die Form des Körpers.

**6**

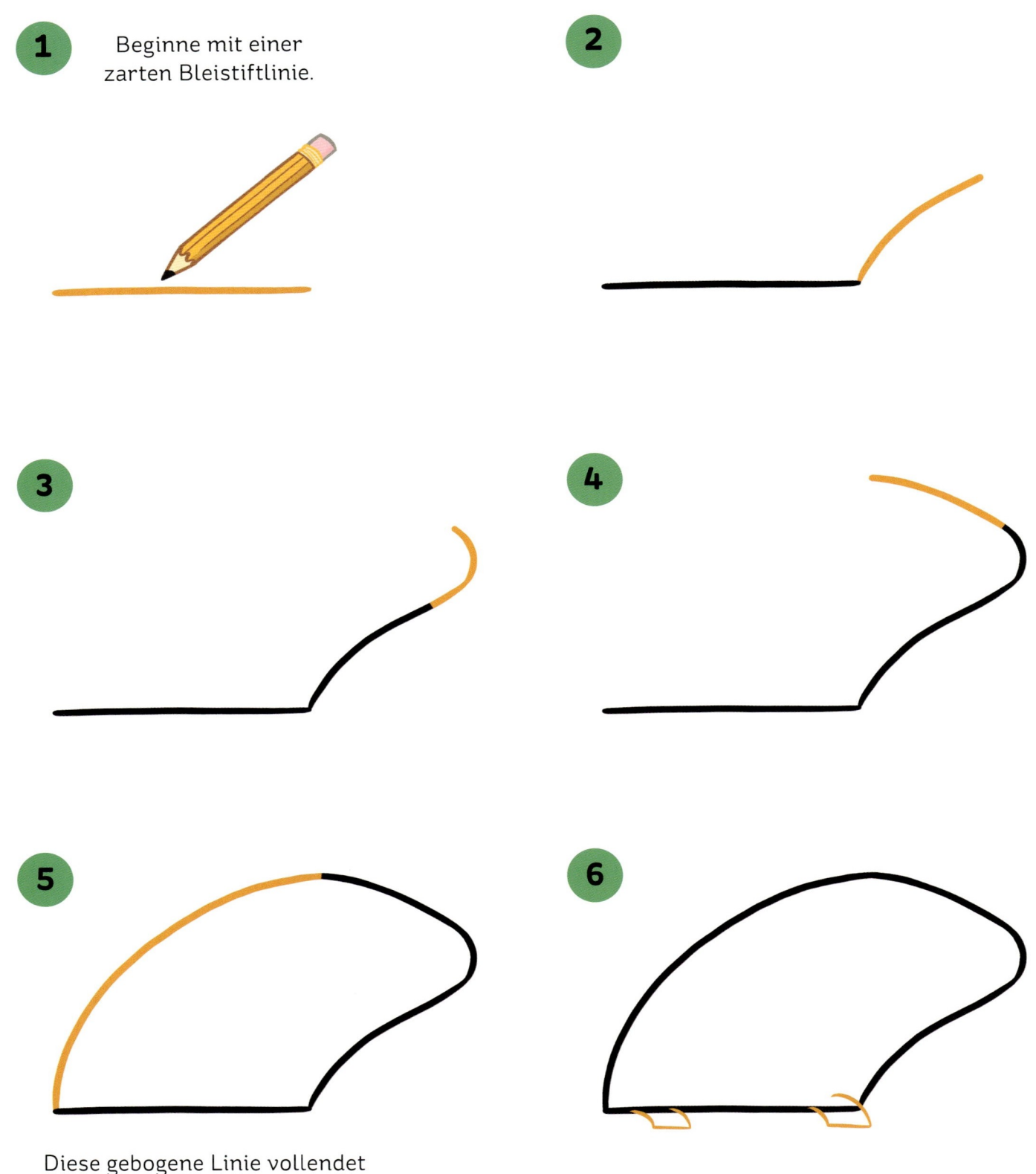

46

**7**

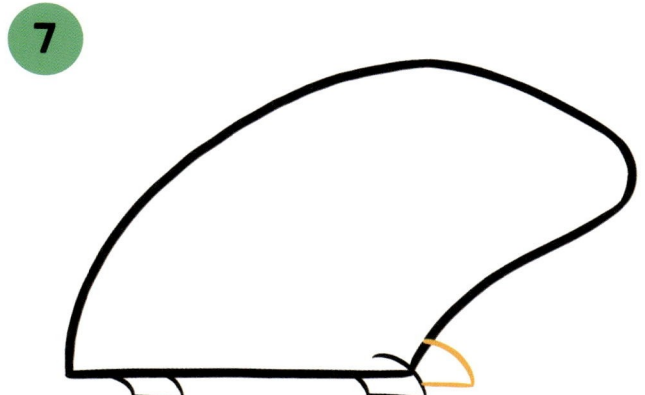

**8**

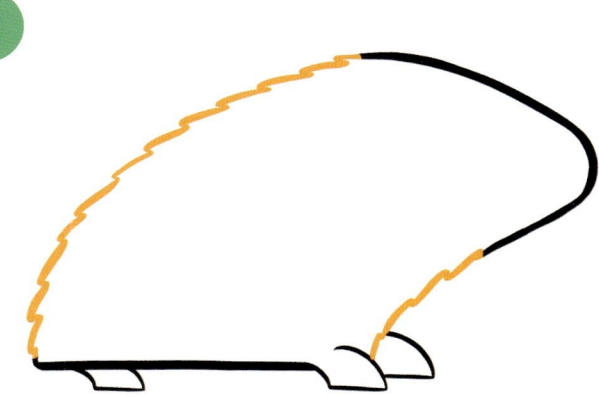

Wenn du die Hilfslinien wegradiert hast, male gezackte Fell-Linien.

**9**

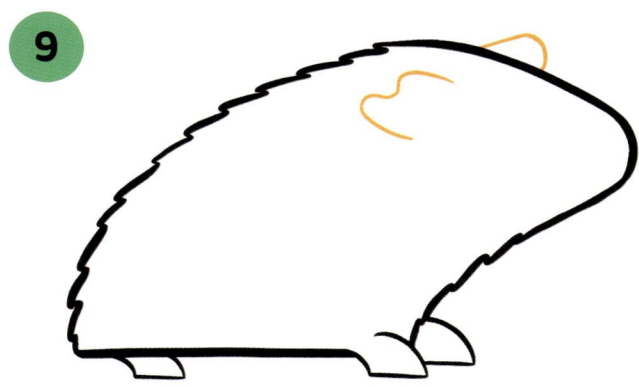

**10**

**11**

Wie wär's noch mit einem Ball zum Spielen?

**12**

Damit das Fell schön flauschig aussieht, benutzt du am besten helle Buntstifte und drückst nur ganz leicht auf.

# Schäferhund

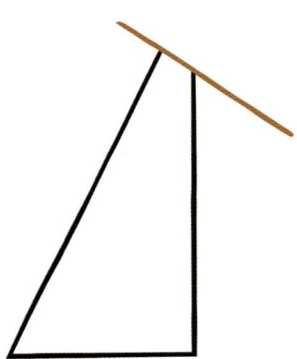

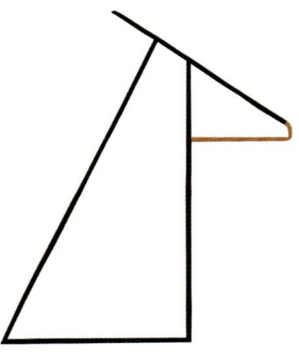

Für diesen Hund musst du viele dreieckige Formen zeichnen.

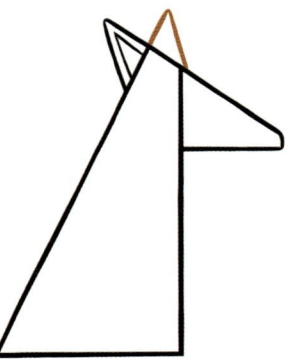 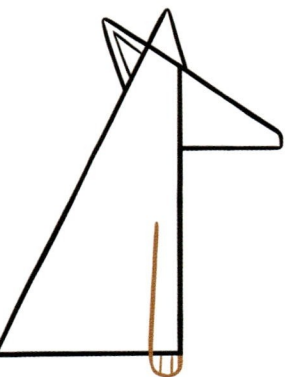

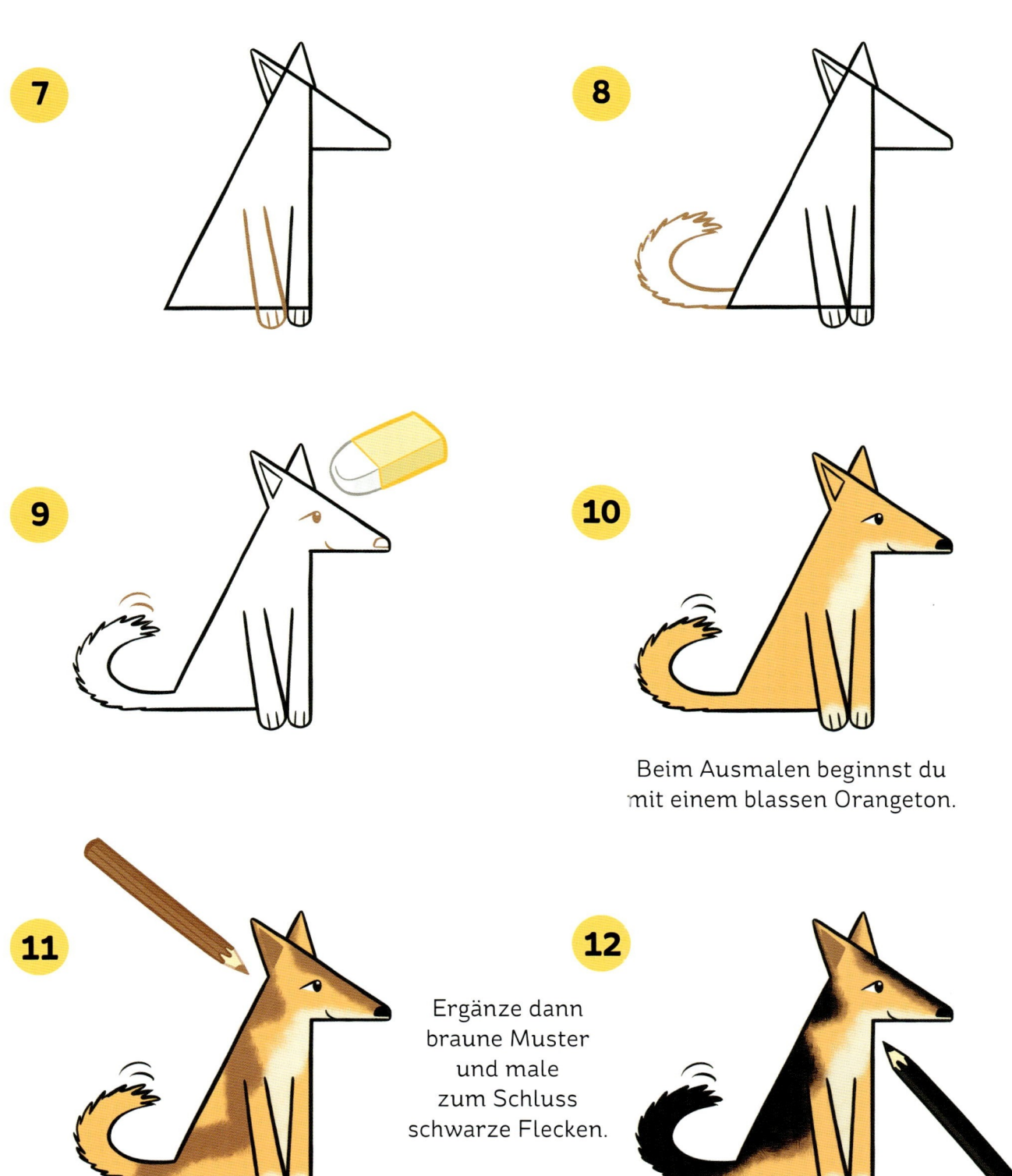

**7**

**8**

**9**

**10**

Beim Ausmalen beginnst du
mit einem blassen Orangeton.

**11**

Ergänze dann
braune Muster
und male
zum Schluss
schwarze Flecken.

**12**

# Trabendes Pferd

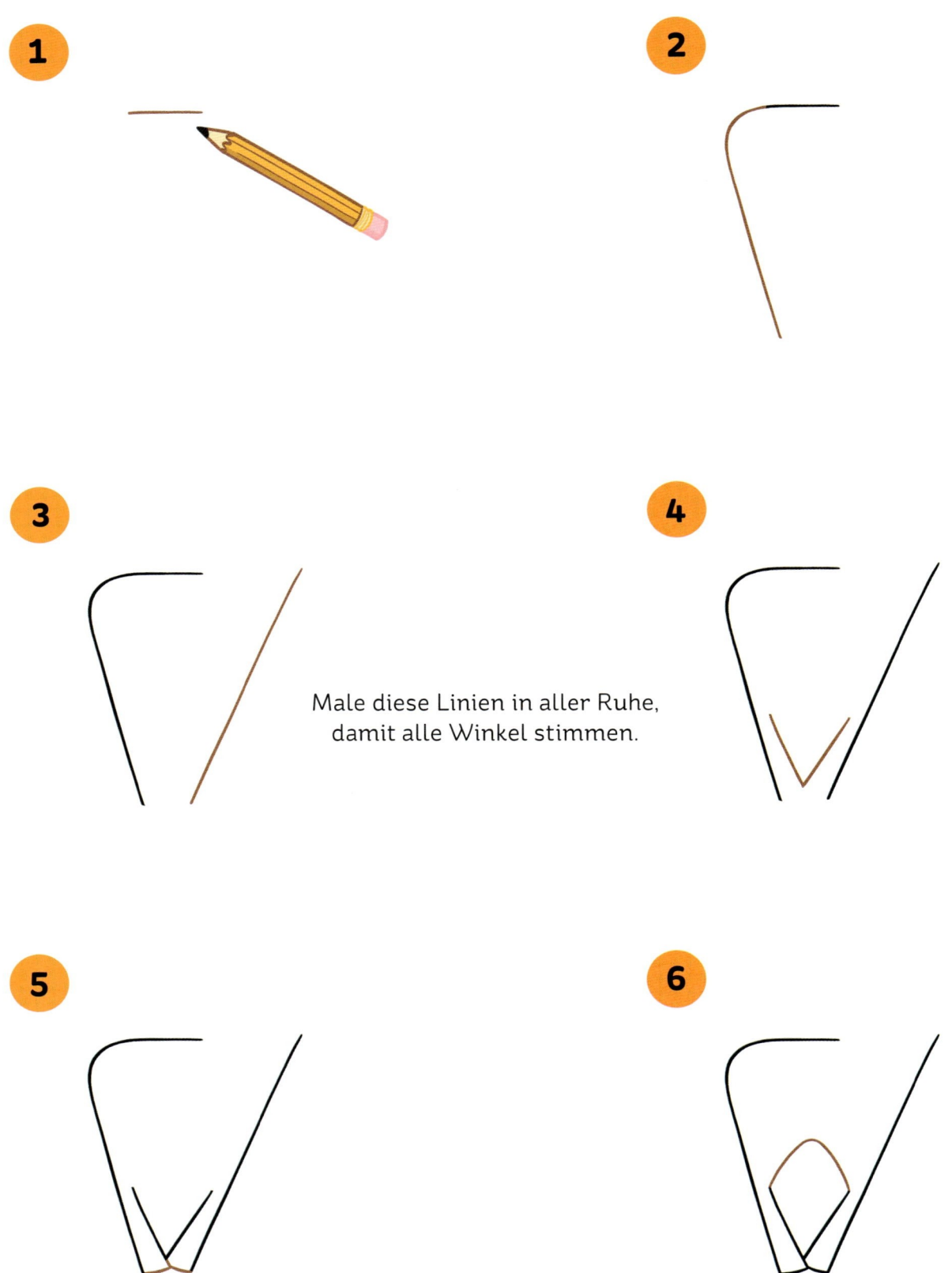

1

2

3

4

Male diese Linien in aller Ruhe,
damit alle Winkel stimmen.

5

6

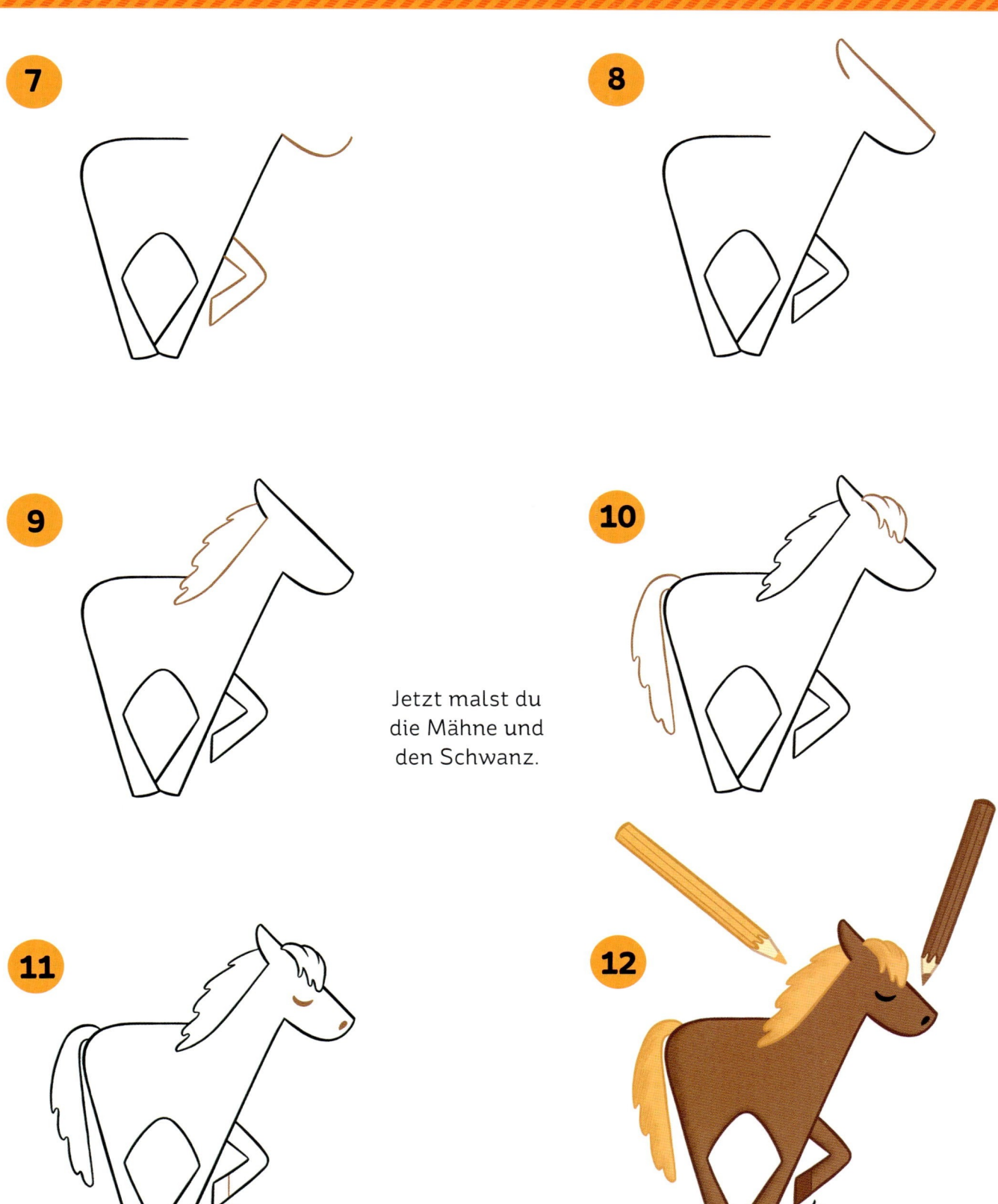

Jetzt malst du
die Mähne und
den Schwanz.

# Kätzchen

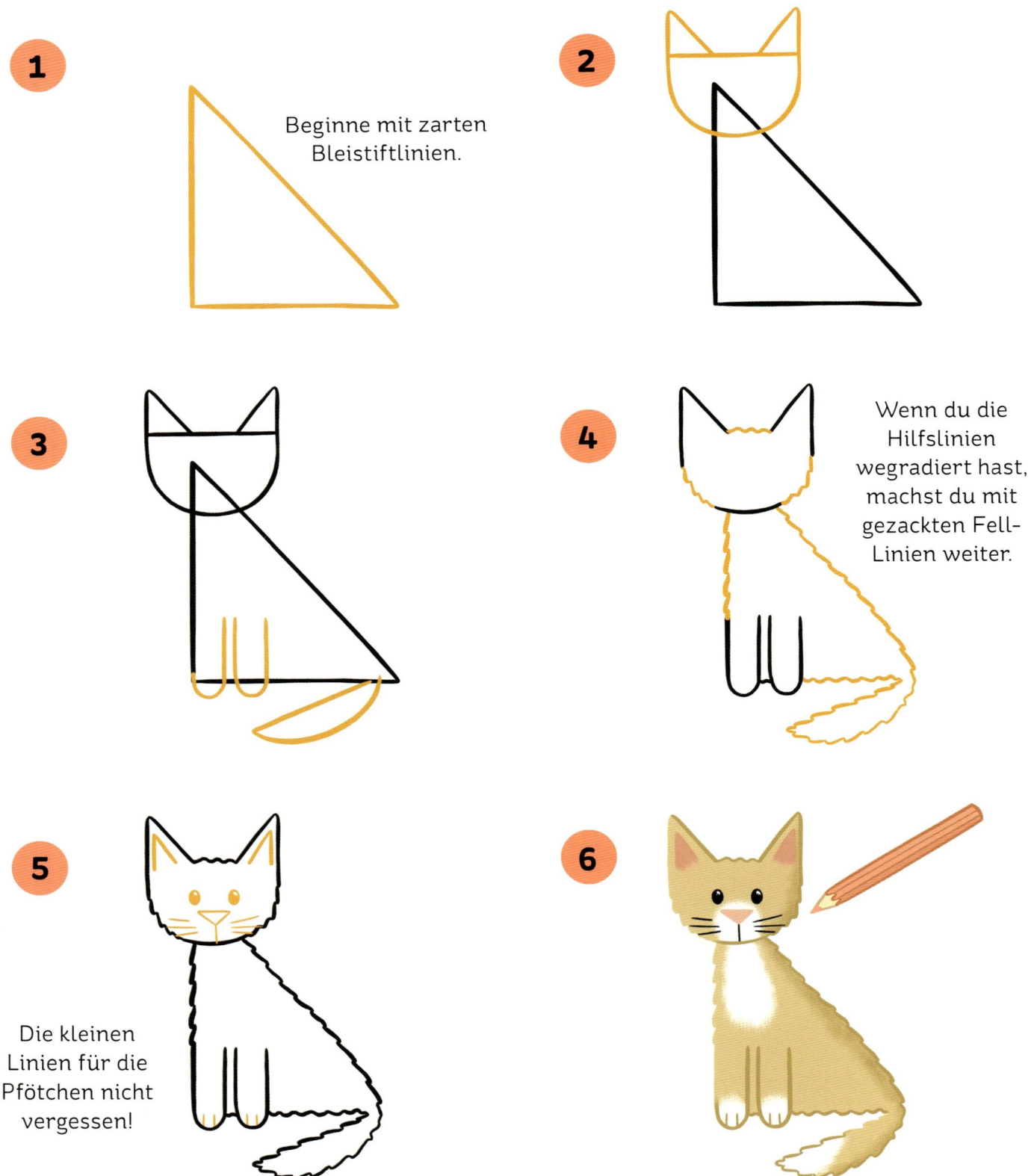

**1** Beginne mit zarten Bleistiftlinien.

**2**

**3**

**4** Wenn du die Hilfslinien wegradiert hast, machst du mit gezackten Fell-Linien weiter.

**5** Die kleinen Linien für die Pfötchen nicht vergessen!

**6**

# Schneemann

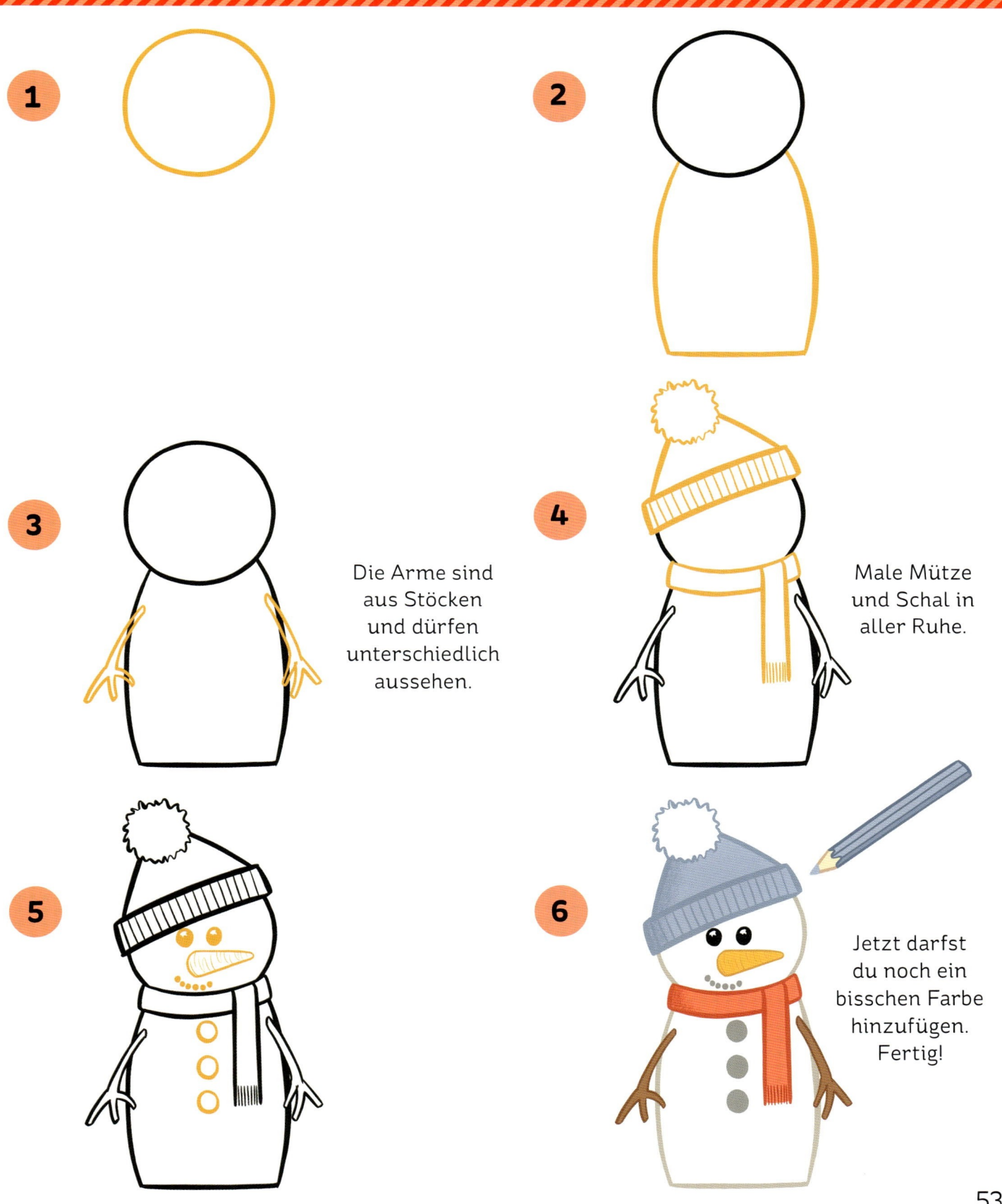

**1**

**2**

**3** Die Arme sind aus Stöcken und dürfen unterschiedlich aussehen.

**4** Male Mütze und Schal in aller Ruhe.

**5**

**6** Jetzt darfst du noch ein bisschen Farbe hinzufügen. Fertig!

# Diplodocus

**1**

Zeichne die Hilfslinien
zunächst nur ganz leicht
mit dem Bleistift.

**2**

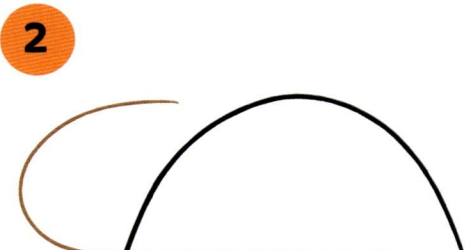

**3**

**4**

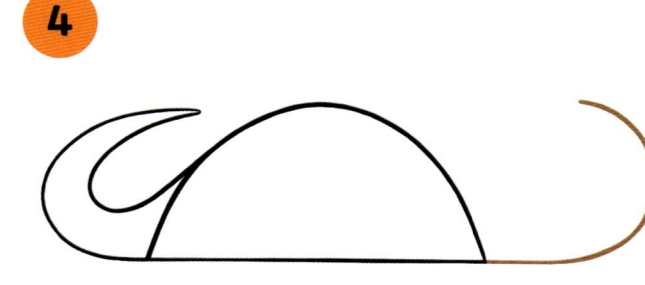

Diese gebogene Linie sollte größer
sein als die Linie für den Schwanz.

**5**

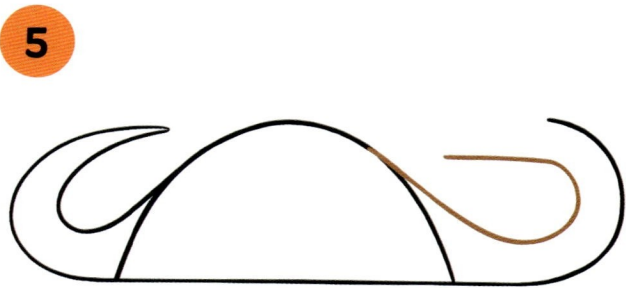

Male einen langen Hals und zeichne eine
gerade Linie für den unteren Teil des Kopfes.

**6**

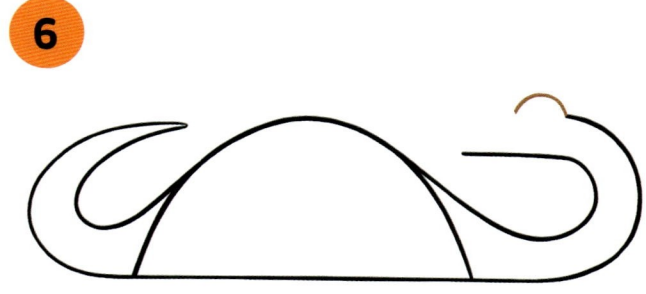

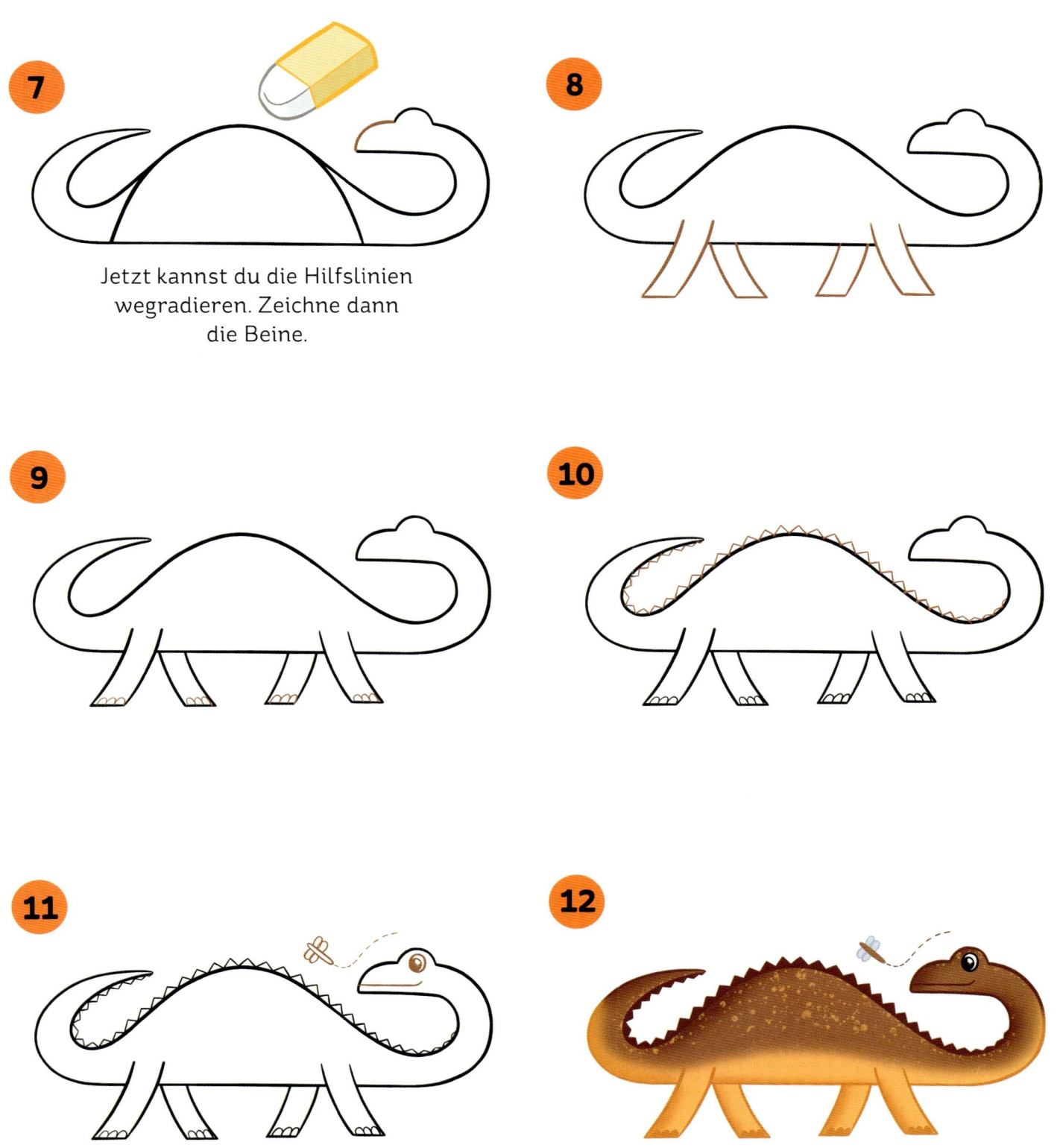

**7**

Jetzt kannst du die Hilfslinien wegradieren. Zeichne dann die Beine.

**8**

**9**

**10**

**11**

**12**

Füge die letzten Details hinzu und male den Diplodocus so an, wie es dir gefällt.

# Mosasaurus

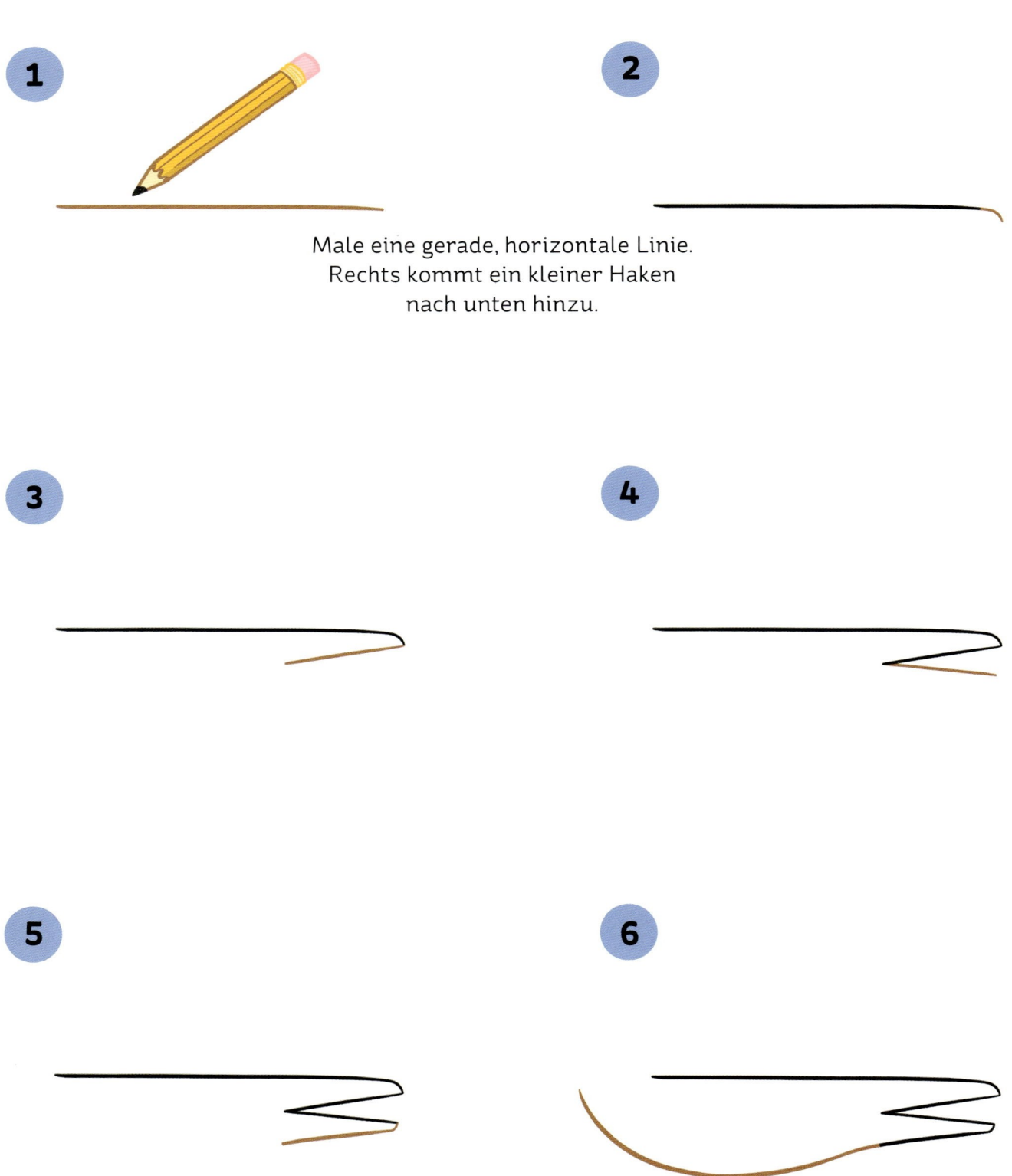

**1**

Male eine gerade, horizontale Linie.
Rechts kommt ein kleiner Haken
nach unten hinzu.

**2**

**3**

**4**

**5**

**6**

Gib deinem Mosasaurus
einen runden Bauch.

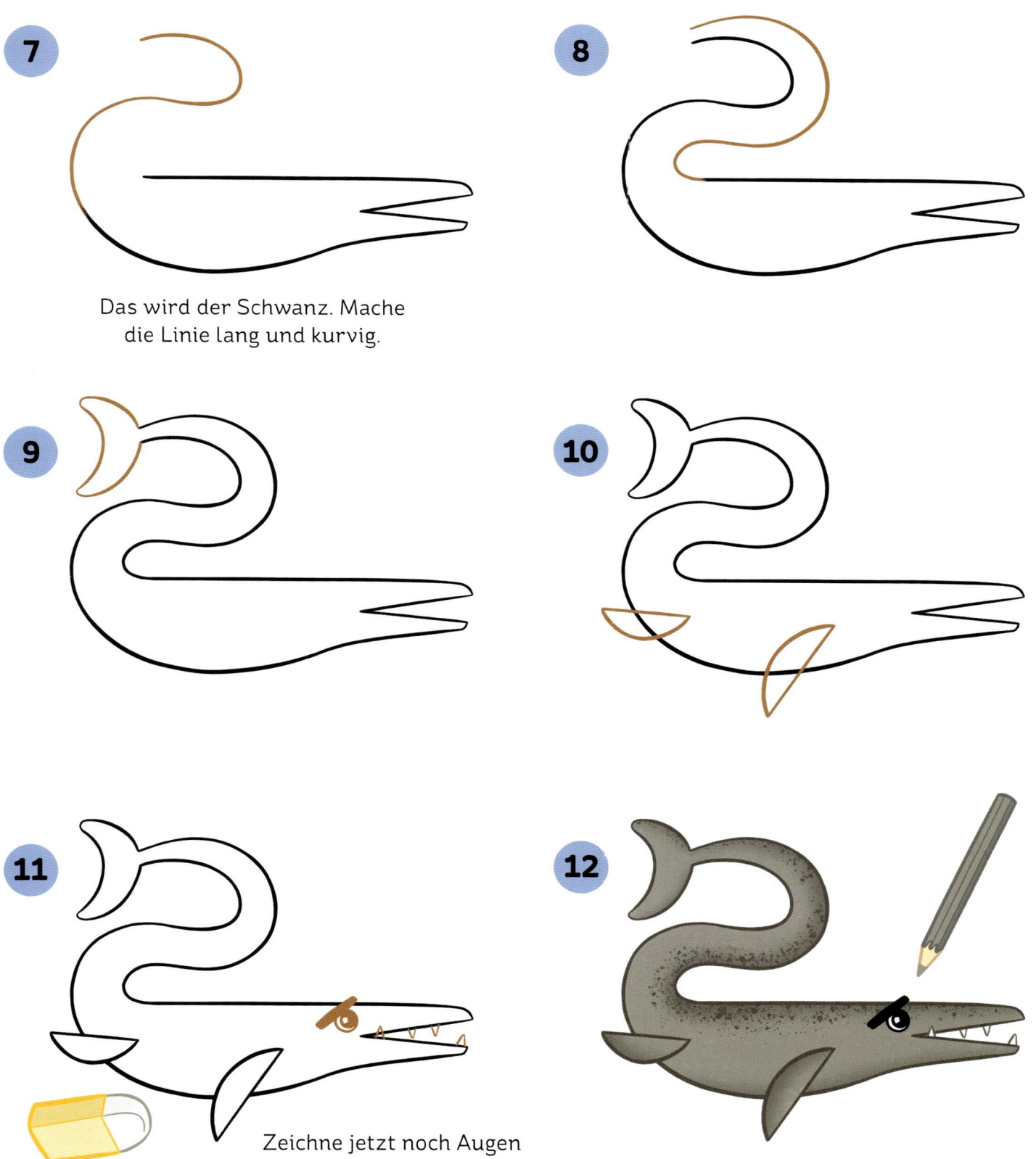

**7**

Das wird der Schwanz. Mache die Linie lang und kurvig.

**8**

**9**

**10**

**11**

Zeichne jetzt noch Augen und Zähne.

**12**

# Malteser-Welpe

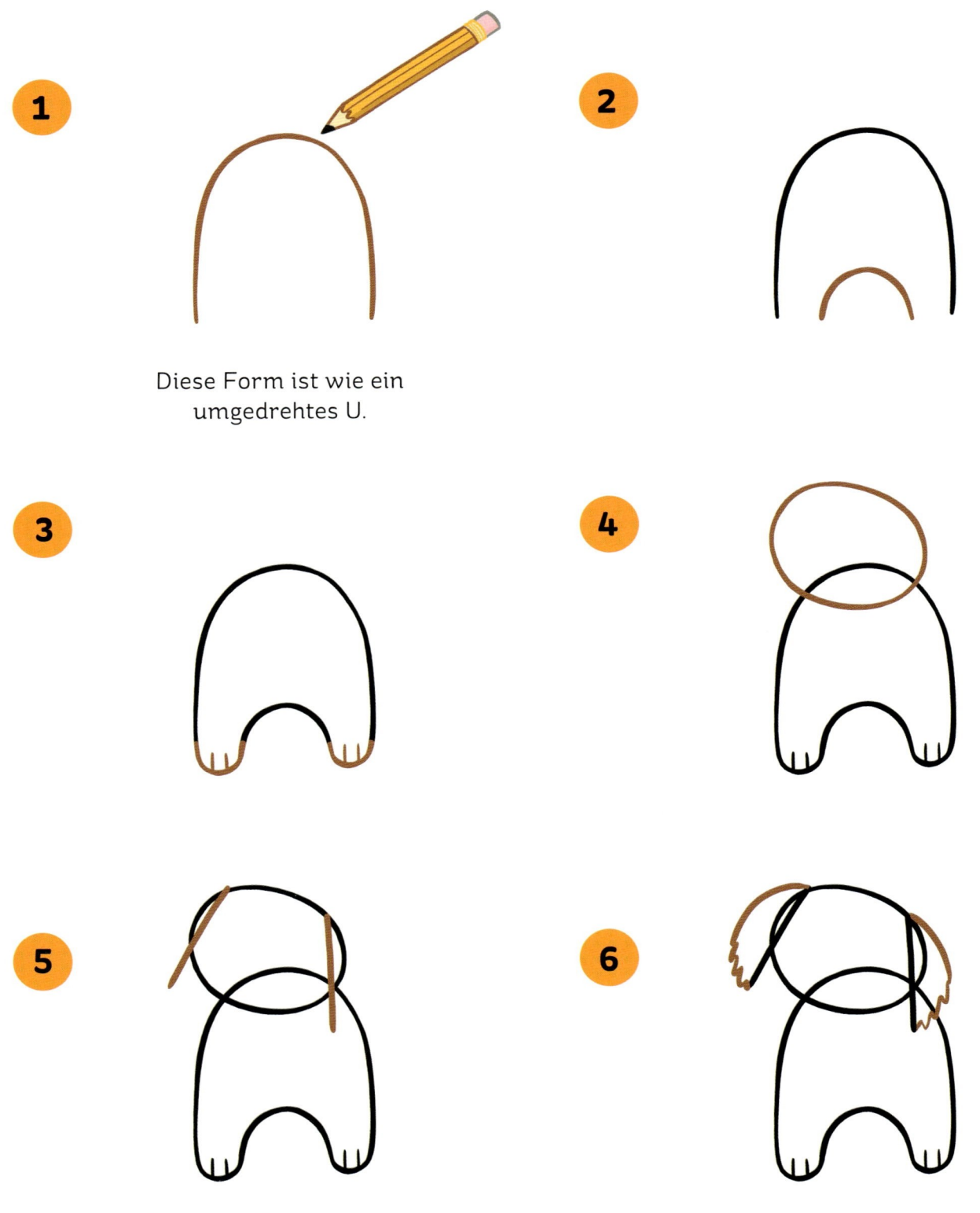

**1**

Diese Form ist wie ein umgedrehtes U.

**2**

**3**

**4**

**5**

Der erste Teil der Ohren besteht aus geraden Linien.

**6**

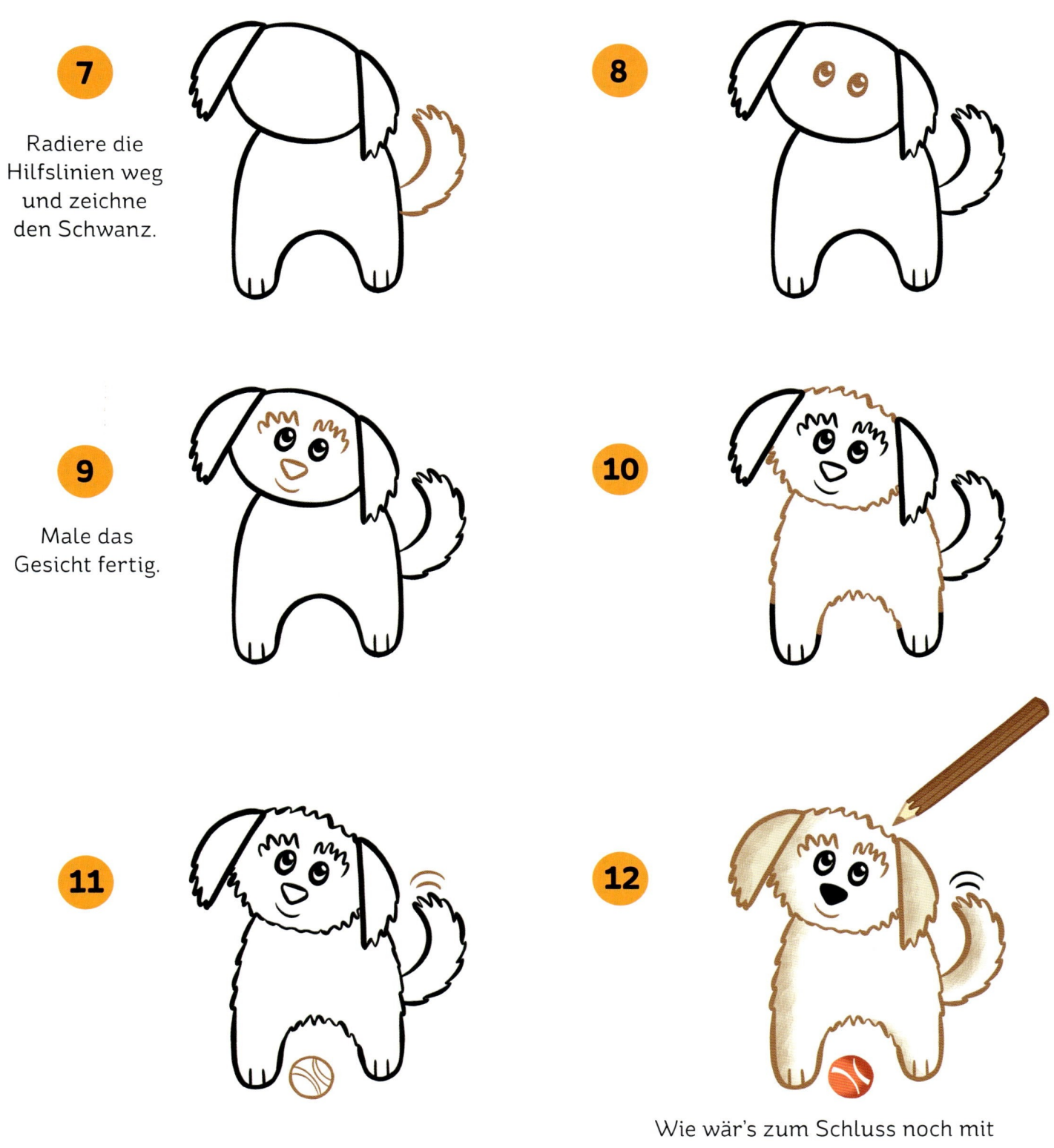

**7** Radiere die Hilfslinien weg und zeichne den Schwanz.

**8**

**9** Male das Gesicht fertig.

**10**

**11**

**12** Wie wär's zum Schluss noch mit ein paar braunen Schattierungen?

# Araber

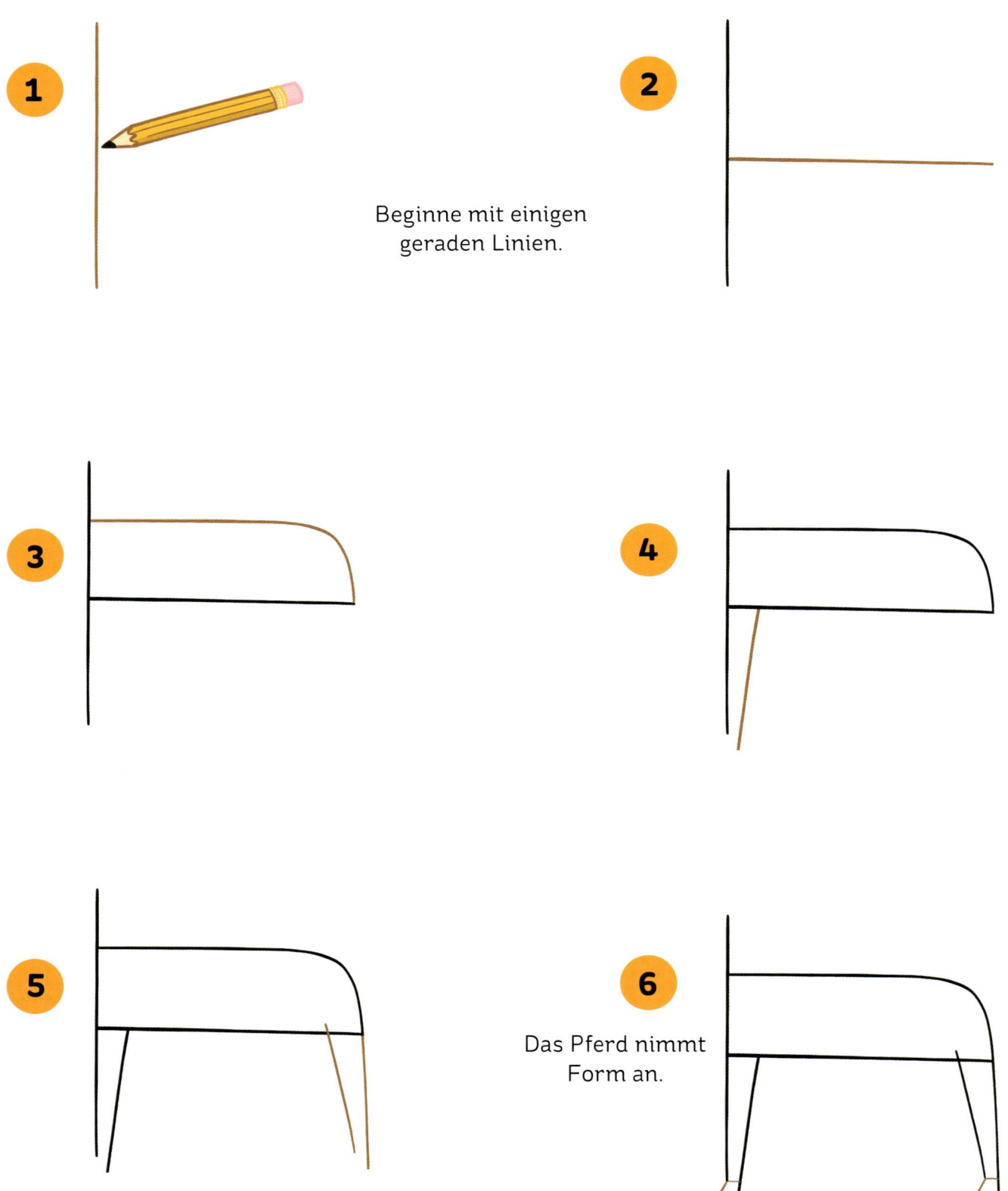

**1**

**2**
Beginne mit einigen geraden Linien.

**3**

**4**

**5**

**6**
Das Pferd nimmt Form an.

**7**

Zeichne die Hinterbeine genauso lang
wie die Vorderbeine.

**8**

**9**

Diese gebogene Linie geht weit
nach hinten.

**10**

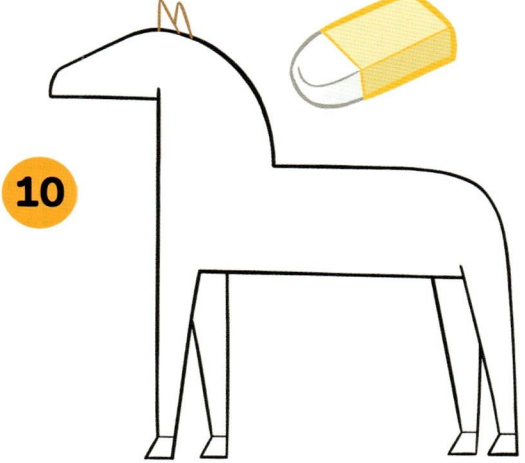

**11**

**12**

Male die hinteren
Beine etwas dunkler
an als die vorderen.

# Graues Fohlen

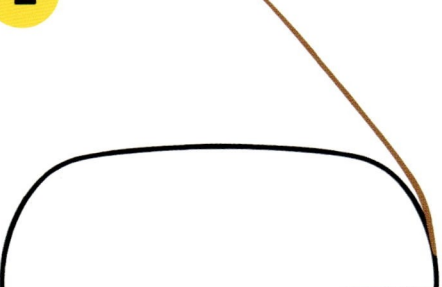

Die Linien, die sich über dem Kopf
kreuzen, werden die Ohren.

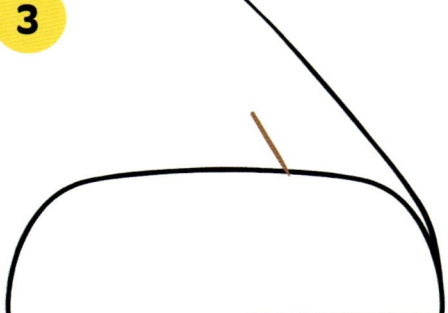

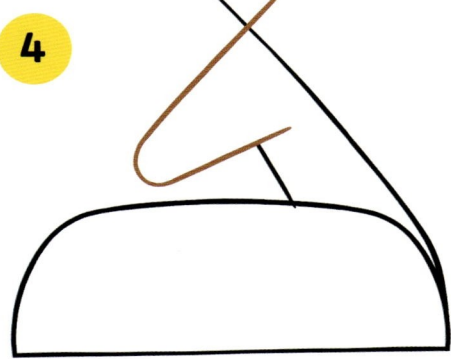

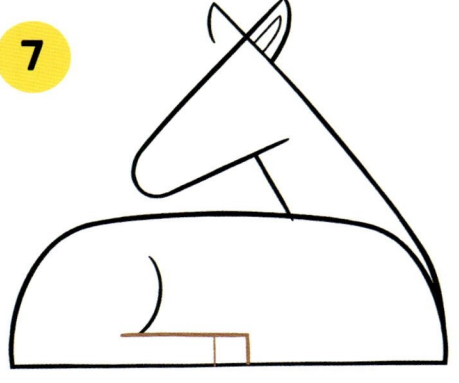

**7**

Dieses Bein geht bis
zur Mitte des Körpers.

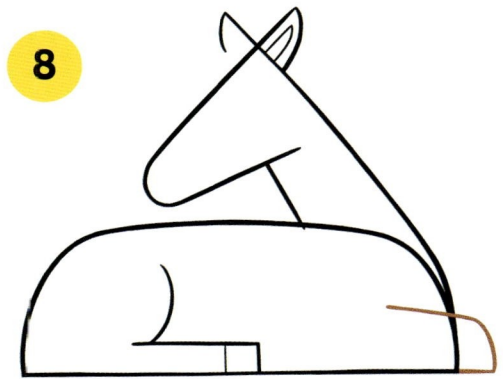

**8**

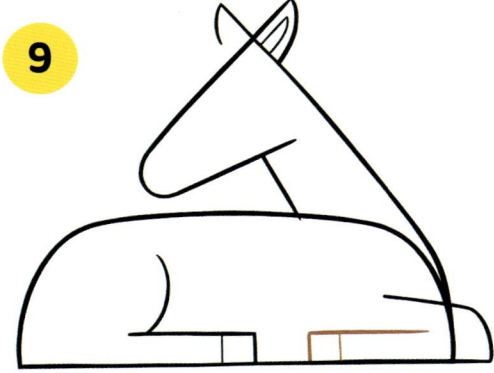

**9**

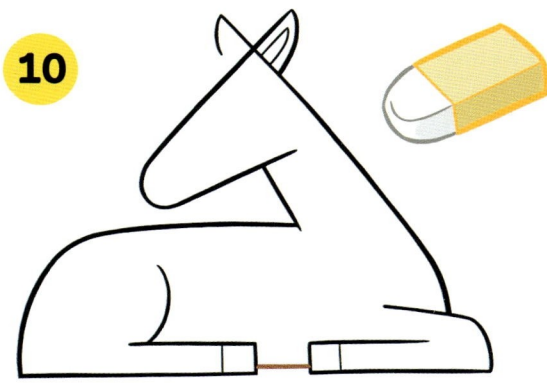

**10**

**11**

**12**

# Yorkshire-Terrier-Welpe

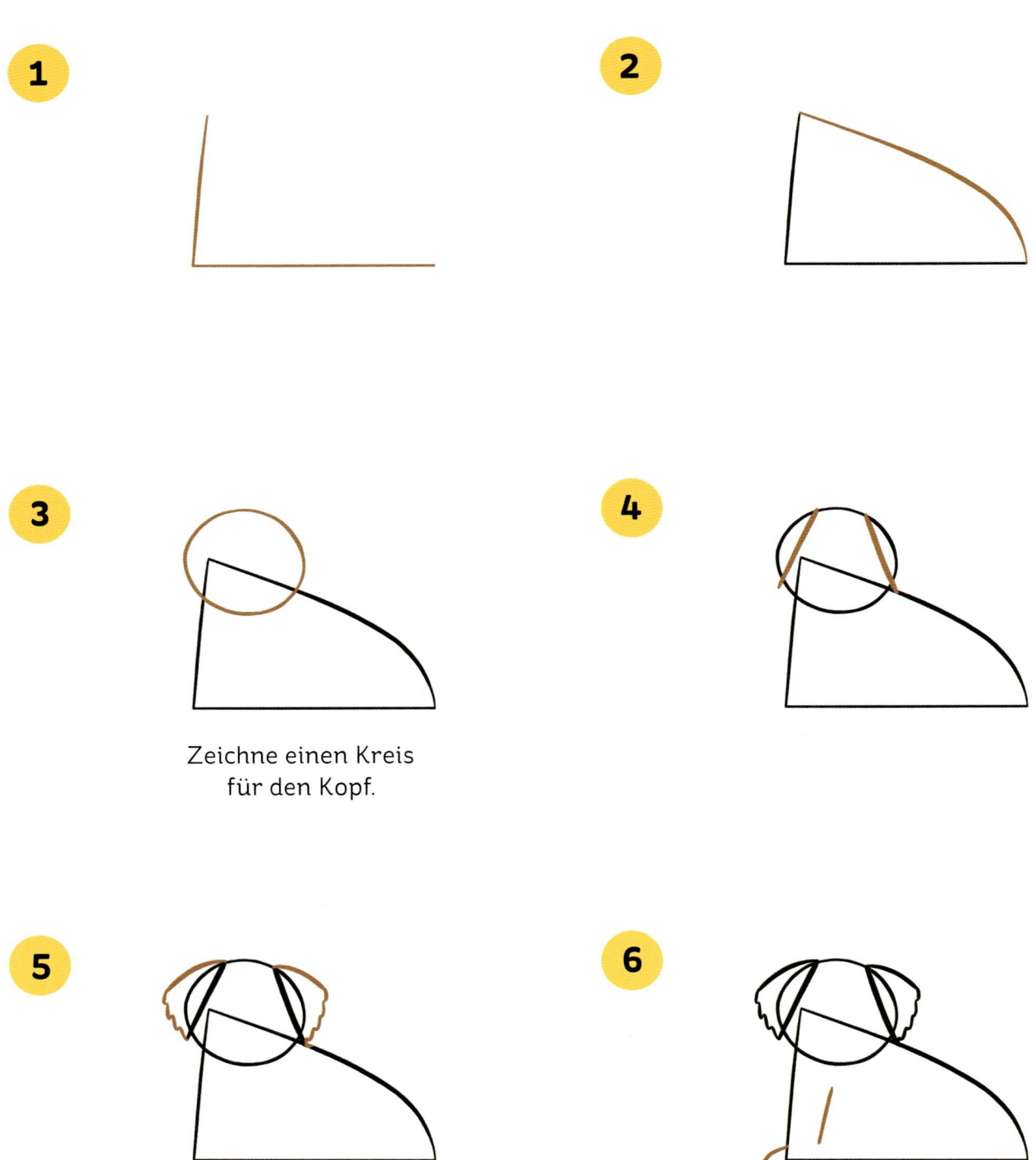

**1**

**2**

**3**

Zeichne einen Kreis
für den Kopf.

**4**

**5**

**6**

**7**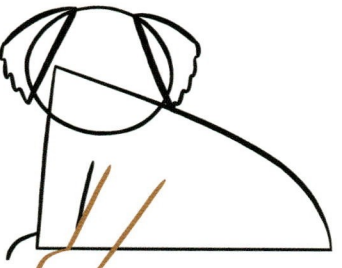

Male die Beine in aller Ruhe,
damit die Form stimmt.

**8**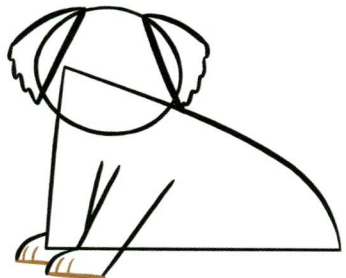

**9**

**10**

**11**

Radiere die Hilfslinien weg und
zeichne gezackte Linien für das Fell.

**12**

Gut gemacht! Jetzt kannst du
den Welpen anmalen.

# Frettchen

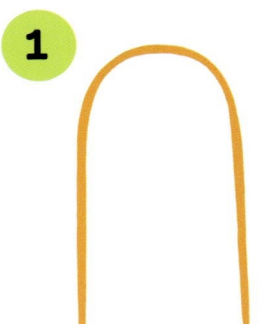

**1**

Beginne mit einem
umgedrehten U.

**2**

**3**

**4**

Jetzt kommt ein zweites
umgedrehtes U für den Körper.

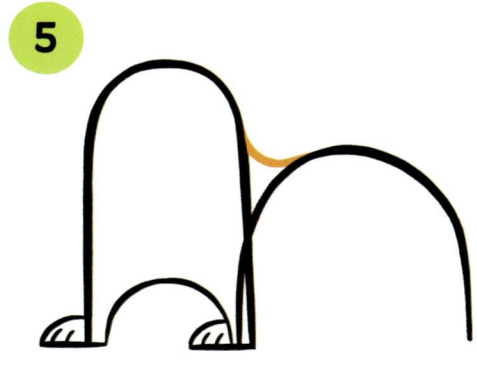

**5**

**6**

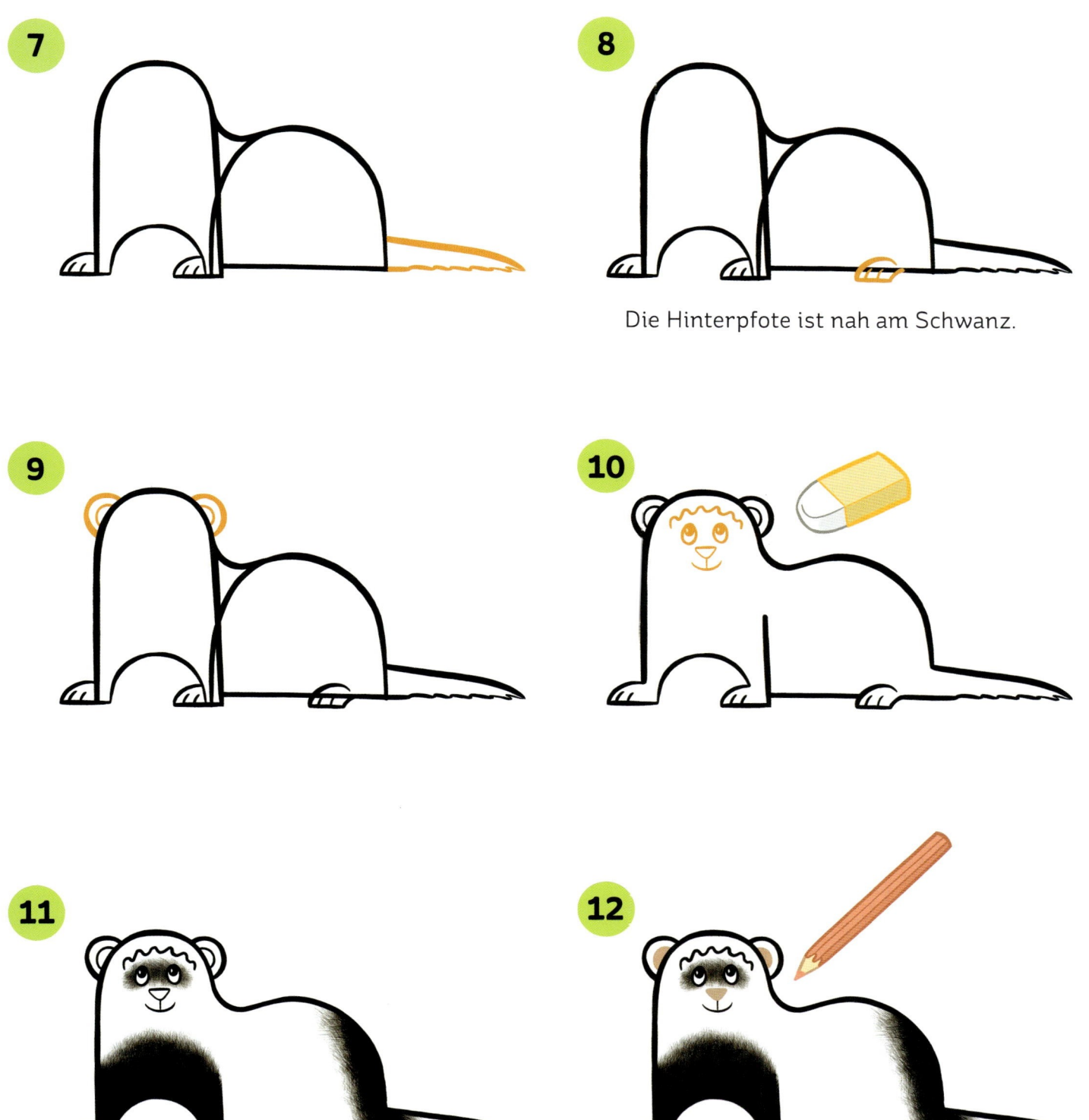

**7**

**8**

Die Hinterpfote ist nah am Schwanz.

**9**

**10**

**11**

**12**

Male mit einem schwarzen Buntstift das weiche Fell und mit
einem pinken Stift Nase und Ohren.

# Koalabär

**1**

Aus dieser Linie wird der Baum, an dem der Koala sich festhält. Lass etwas Platz nach rechts und links.

**2**

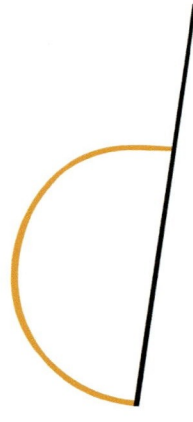

**3**

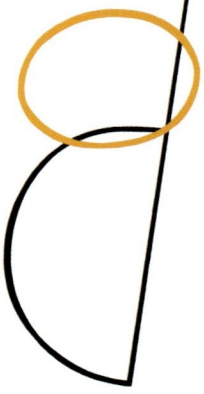

**4**

**5**

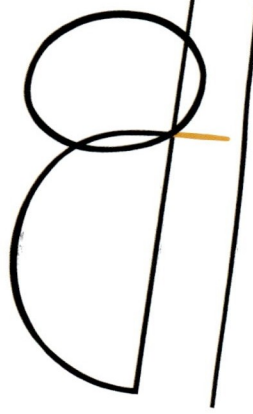

**6**

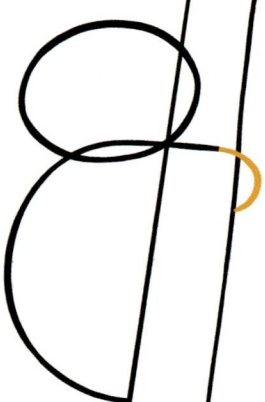

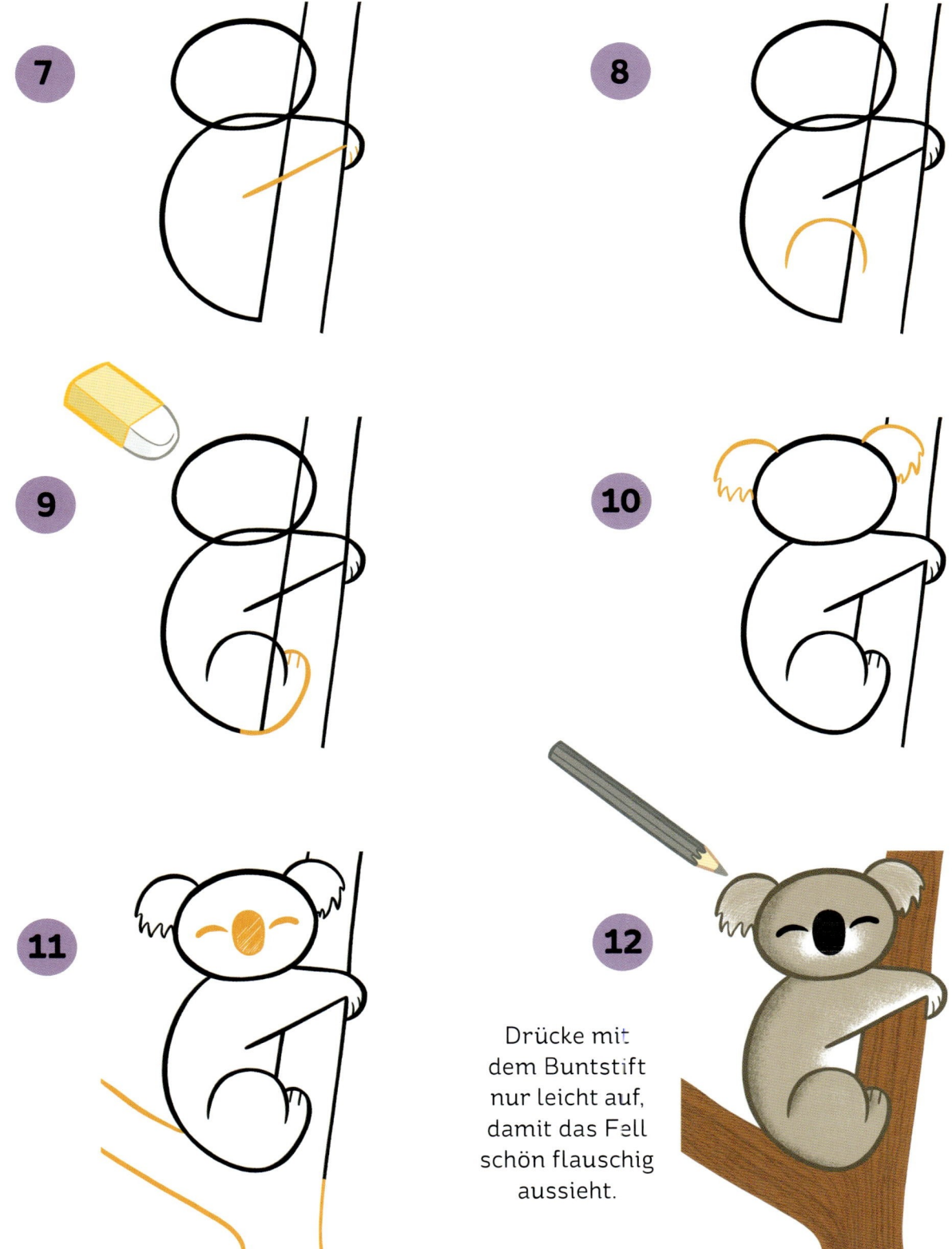

**7**

**8**

**9**

**10**

**11**

**12**

Drücke mit
dem Buntstift
nur leicht auf,
damit das Fell
schön flauschig
aussieht.

69

# Elefant

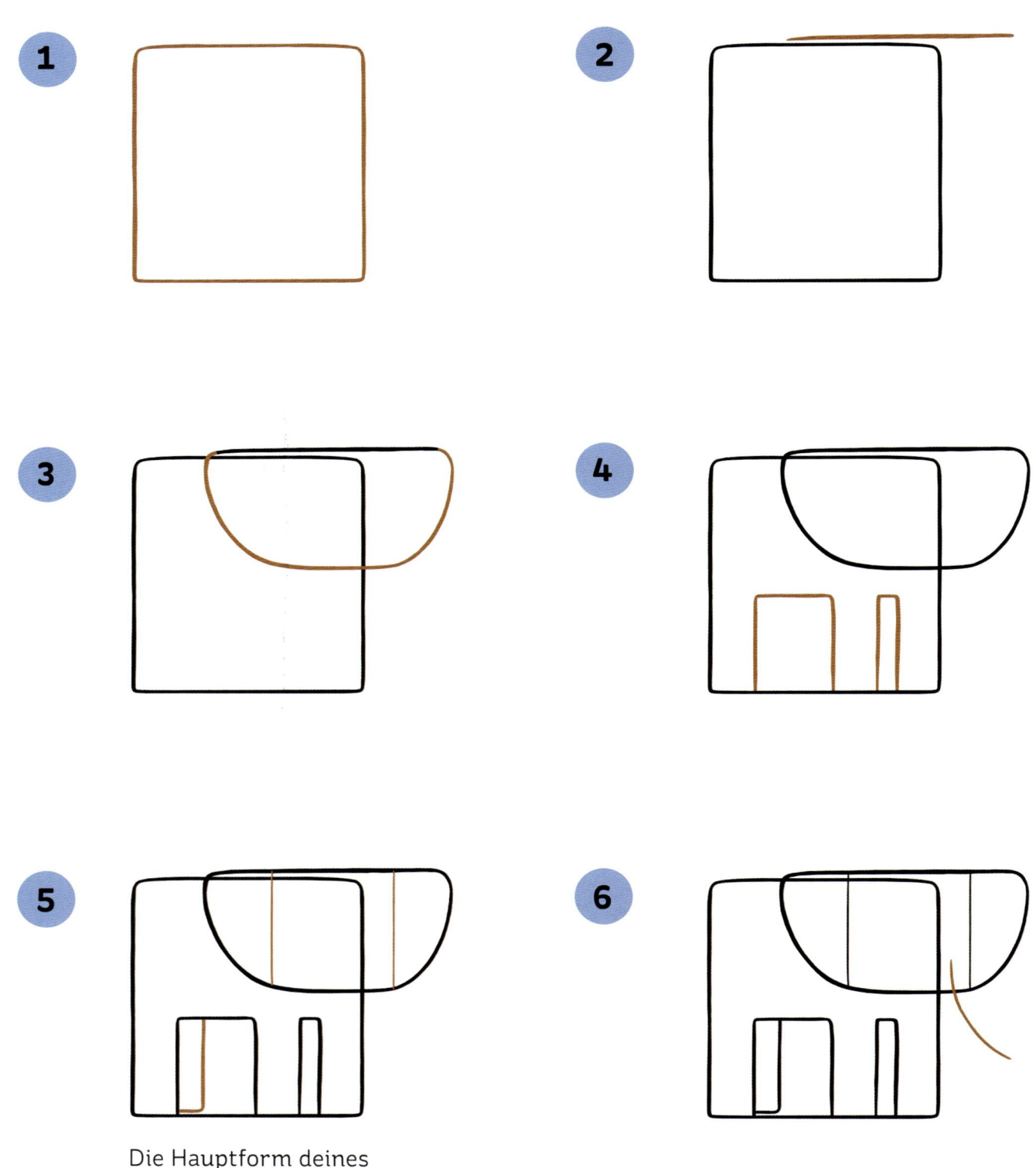

1

2

3

4

5

6

Die Hauptform deines
Elefanten ist jetzt fertig.

**7**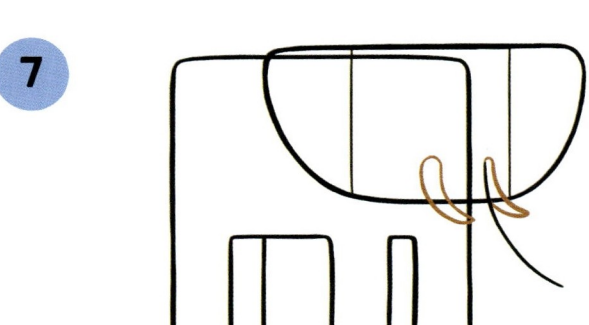

**8**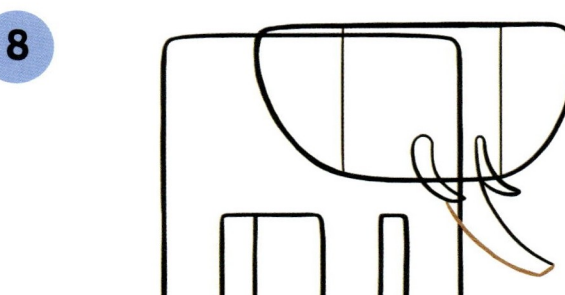

**9**

Radiere die Linien weg, die du nicht mehr brauchst, und zeichne danach die Augenbrauen.

**10**

**11**

**12**

Wenn du magst, male den Elefanten mit Farbe aus.

# Asiatischer Spitzhund

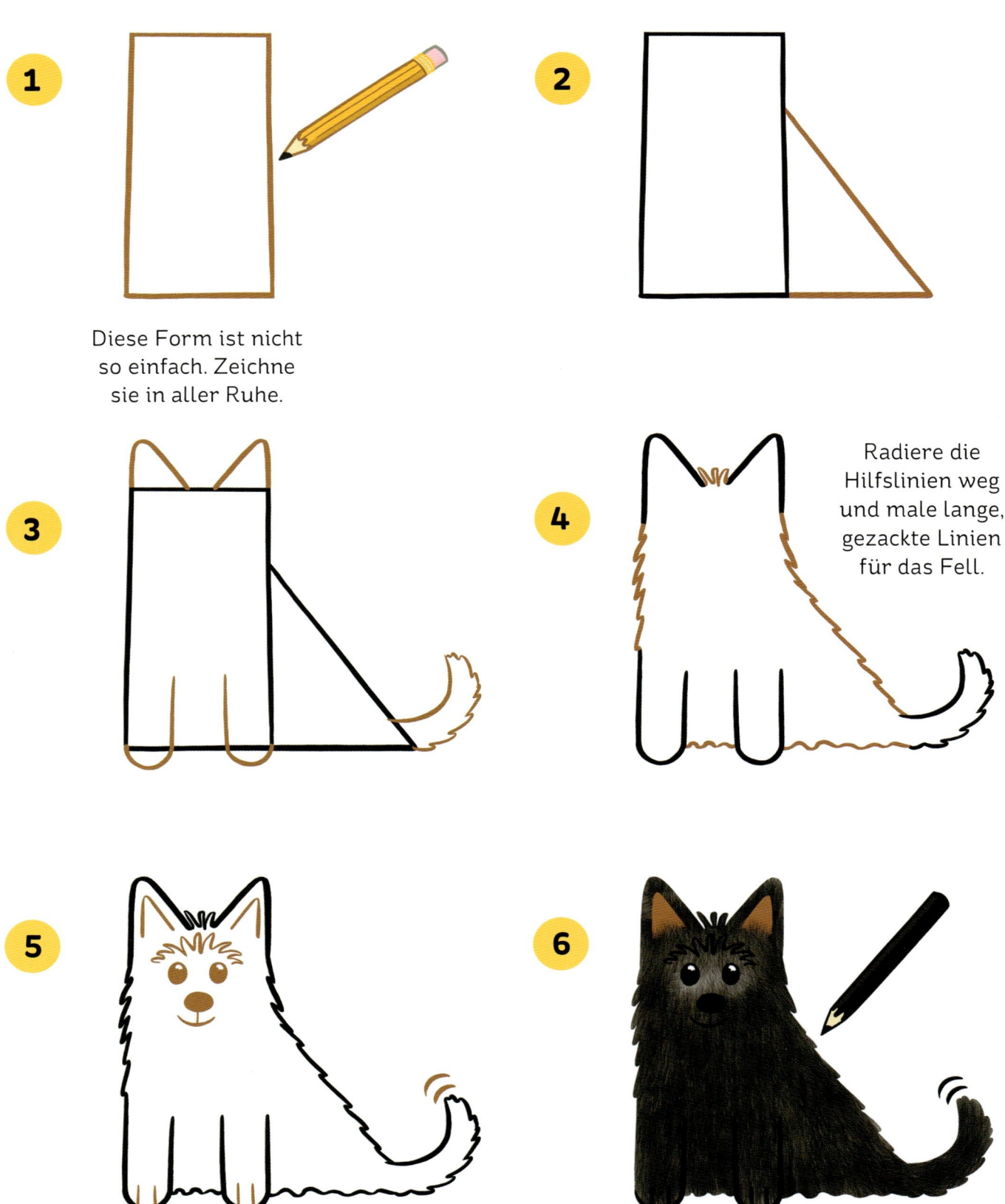

**1** Diese Form ist nicht so einfach. Zeichne sie in aller Ruhe.

**2**

**3**

**4** Radiere die Hilfslinien weg und male lange, gezackte Linien für das Fell.

**5**

**6**

# Zwergspitz

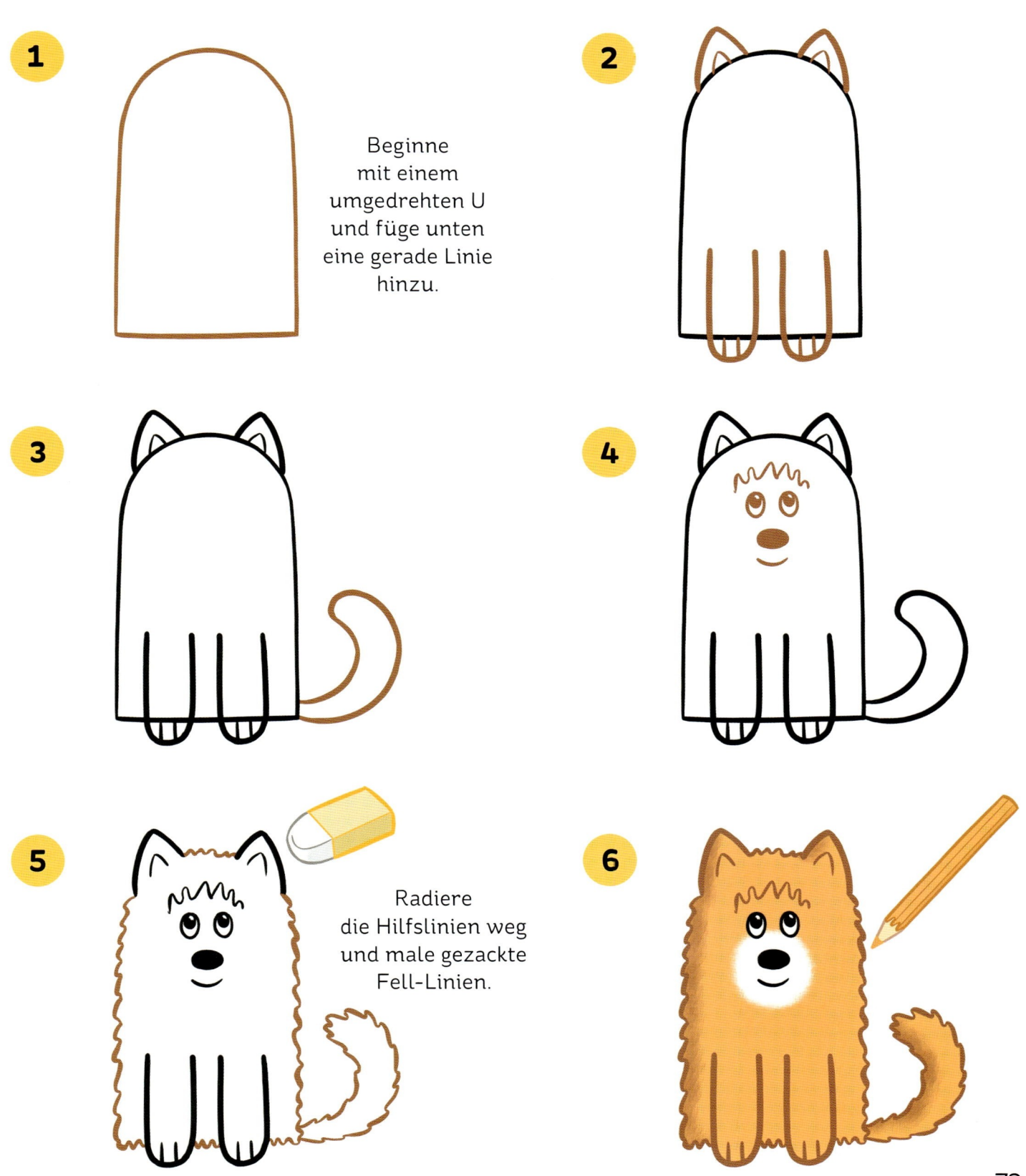

**1** Beginne mit einem umgedrehten U und füge unten eine gerade Linie hinzu.

**2**

**3**

**4**

**5** Radiere die Hilfslinien weg und male gezackte Fell-Linien.

**6**

# Einhorn

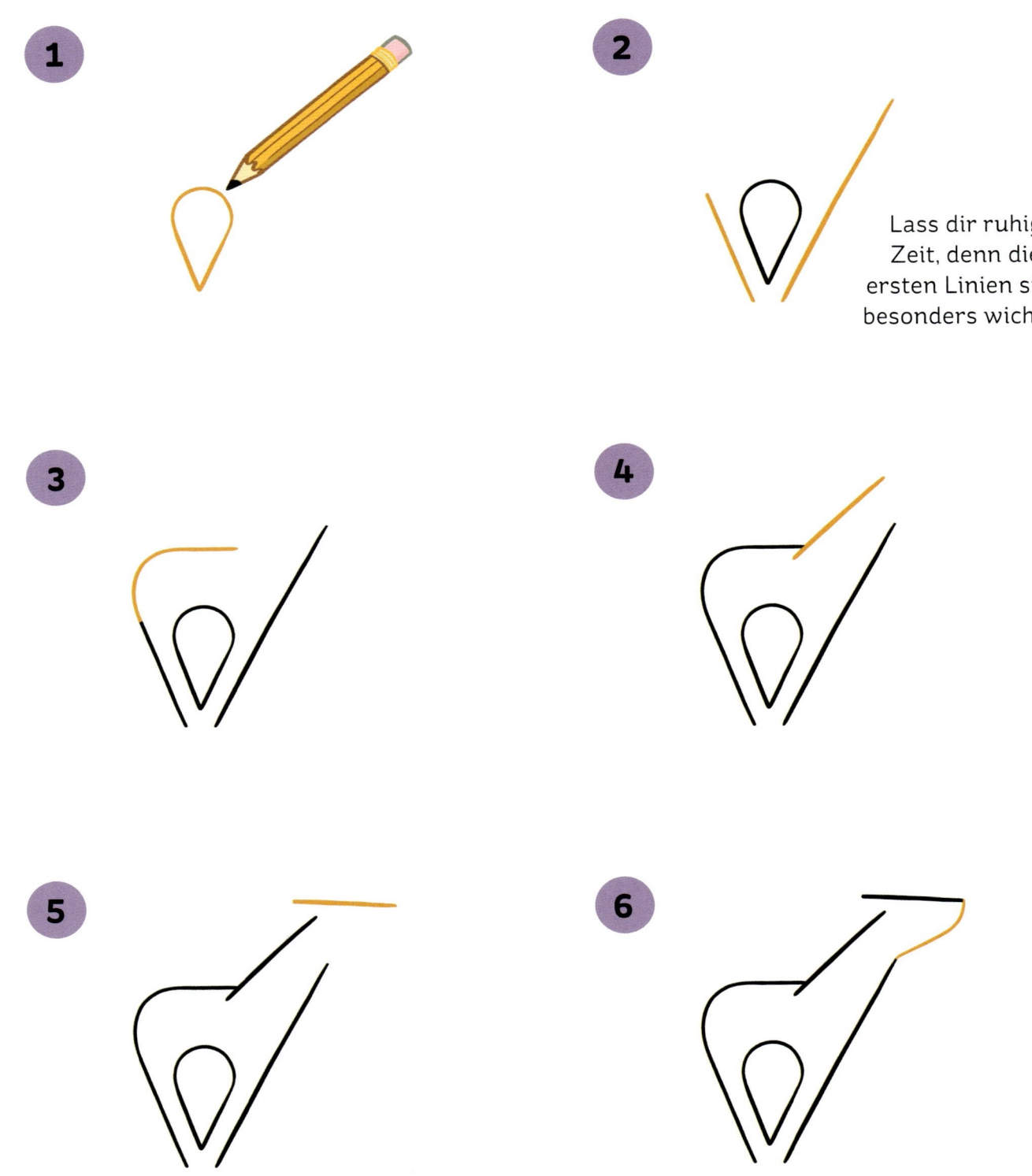

**1**

**2** Lass dir ruhig Zeit, denn die ersten Linien sind besonders wichtig.

**3**

**4**

**5**

**6**

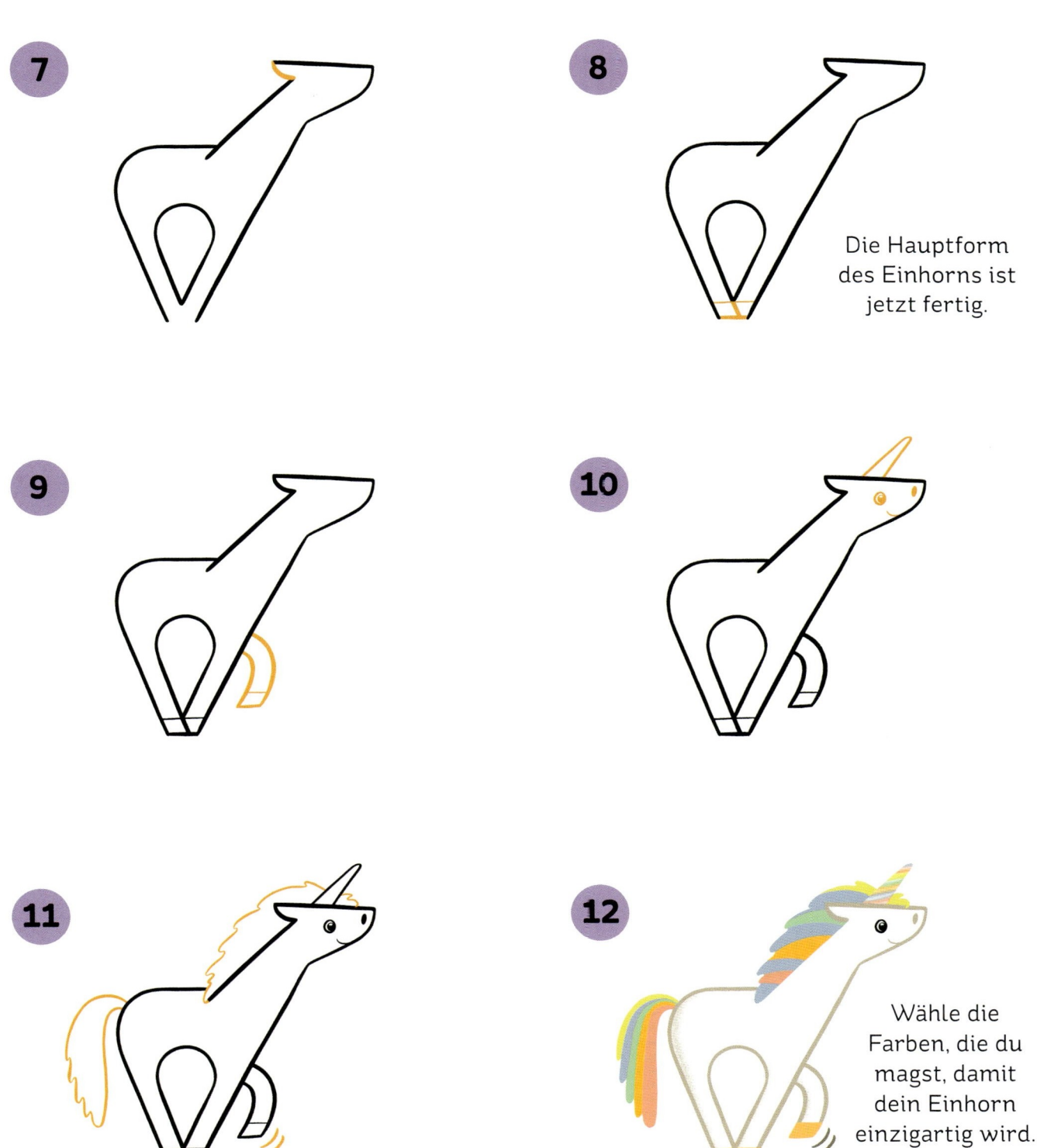

**7**

**8**

Die Hauptform des Einhorns ist jetzt fertig.

**9**

**10**

**11**

**12**

Wähle die Farben, die du magst, damit dein Einhorn einzigartig wird.

# Kongo-Terrier

**1**

**2**

**3**

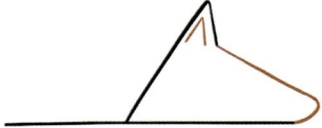

Male ganz in Ruhe die Form
des Kopfes.

**4**

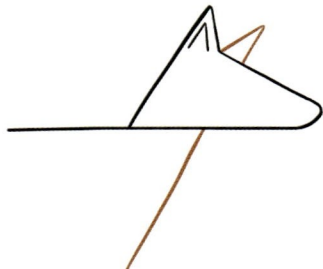

**5**

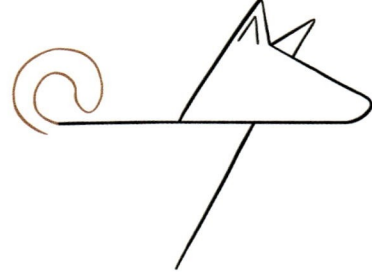

**6**

Kongo-Terrier haben stark
geringelte Schwänze.

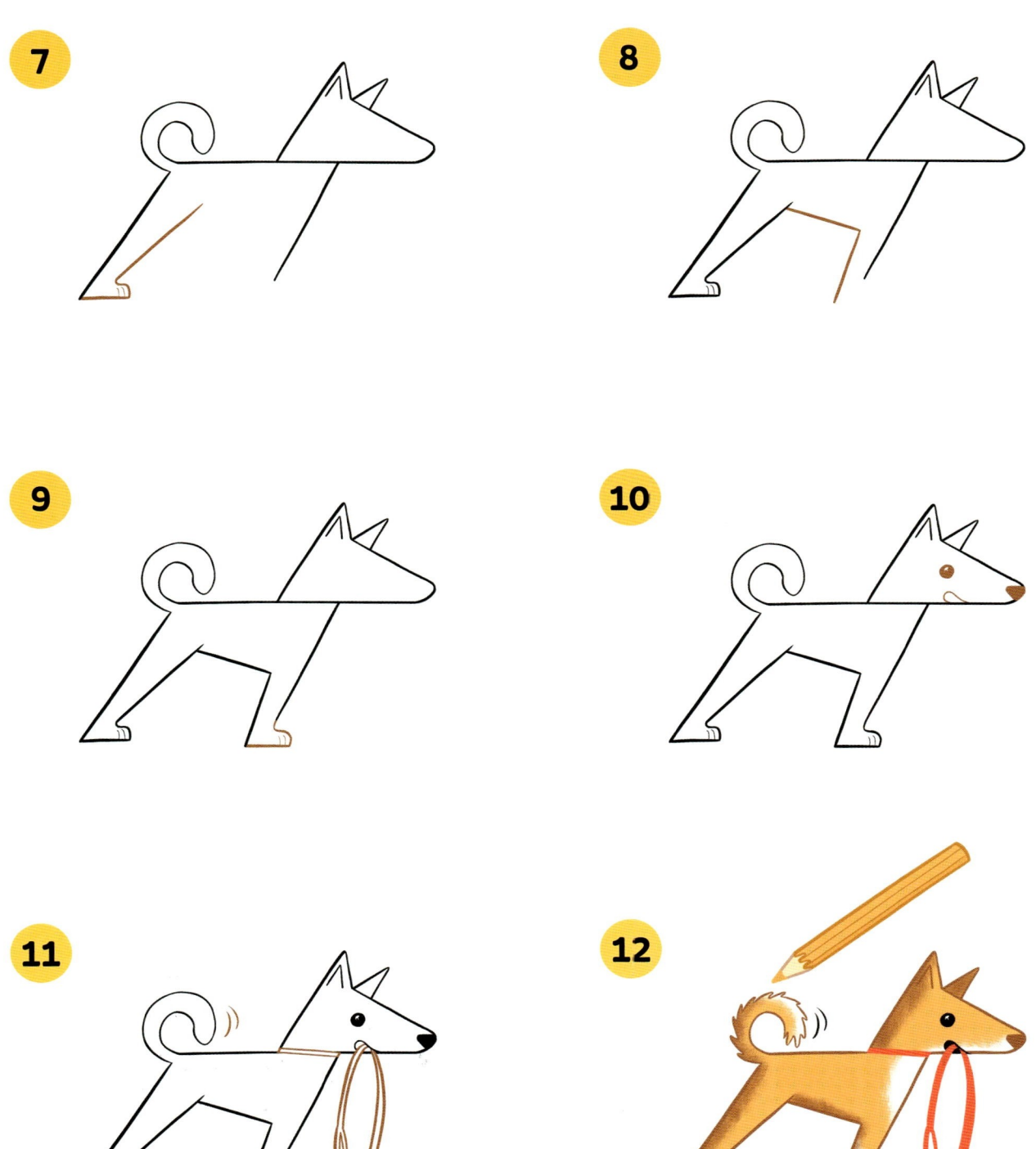

Jetzt kommen die Details: Leine, Halsband
und zwei kleine Striche neben dem Schwanz.

# Stegosaurus

**1**

Diese Linie kannst du freihändig
oder mit einem Lineal zeichnen.

**2**

**3**

**4**

**5**

**6**

Übe diese Form am besten
zuerst auf einem anderen
Blatt Papier.

Das Fünfeck in der Mitte
ist am größten.

**7**

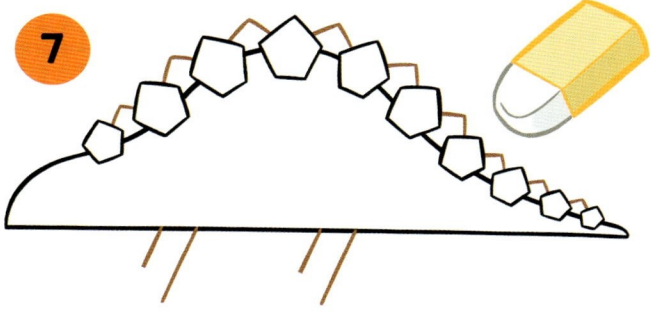

Die zweite Reihe
der Panzerschuppen besteht
aus umgedrehten Vs.

**8**

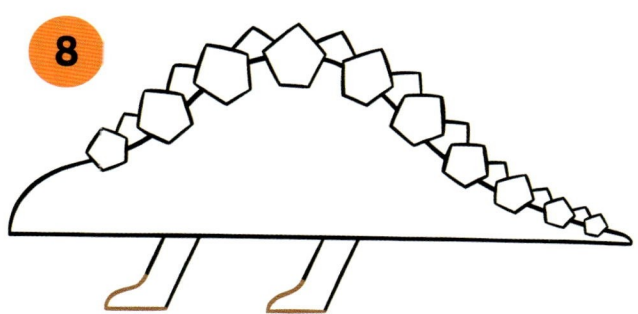

**9**

**10**

**11**

Male zuletzt noch ein fröhliches
Gesicht und ein paar Zehen.

**12**

# Papagei

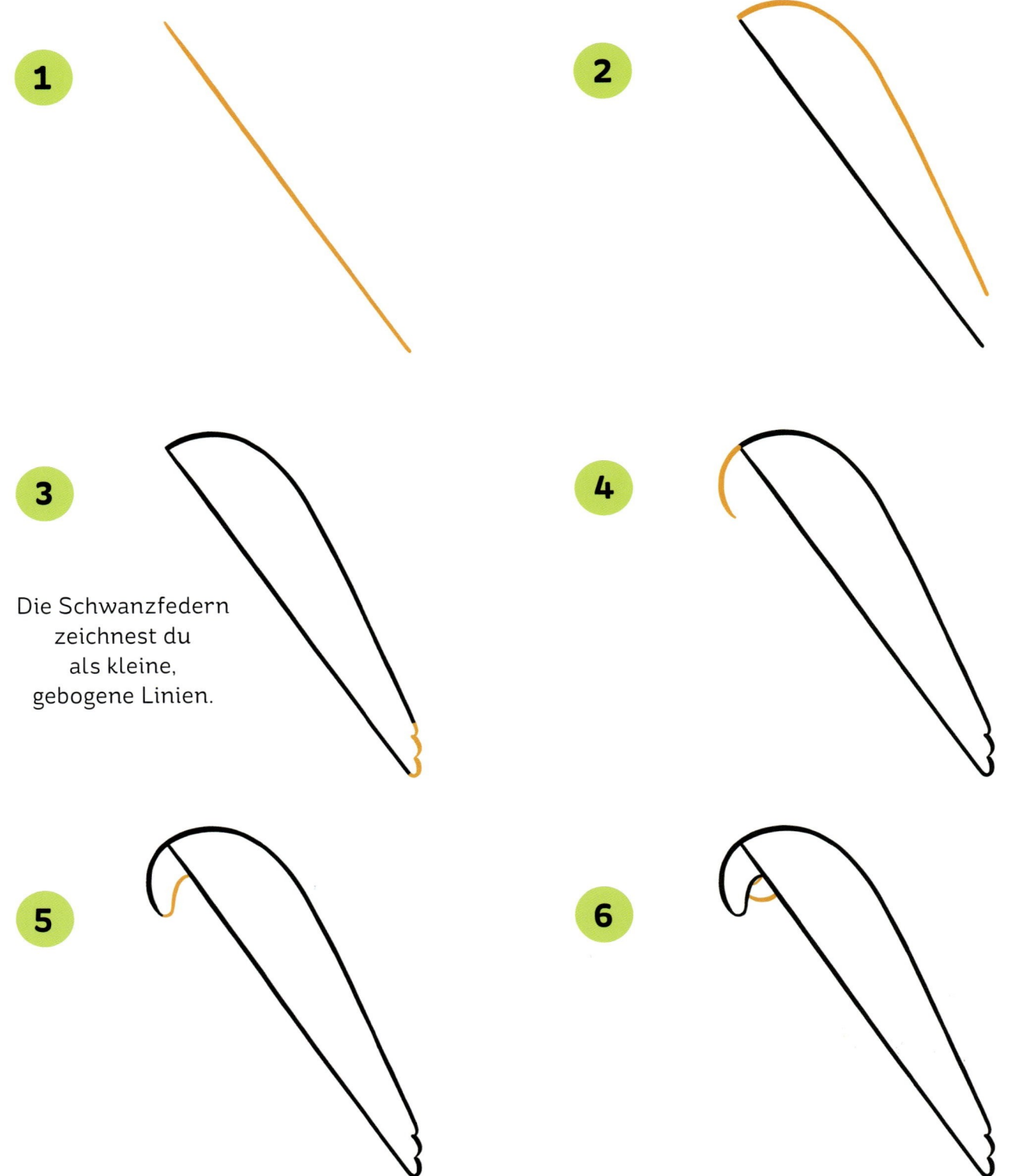

**1**

**2**

**3**

Die Schwanzfedern zeichnest du als kleine, gebogene Linien.

**4**

**5**

**6**

**7**

**8**

Zeichne den Flügel
fertig und radiere
die Linien weg,
die du nicht mehr
brauchst.

**9**

Die Fußkrallen
sind etwa auf
halber Höhe
des Körpers.

**10**

**11**

**12**

Welche Farben
sollen die Federn
bekommen?

# Yeti

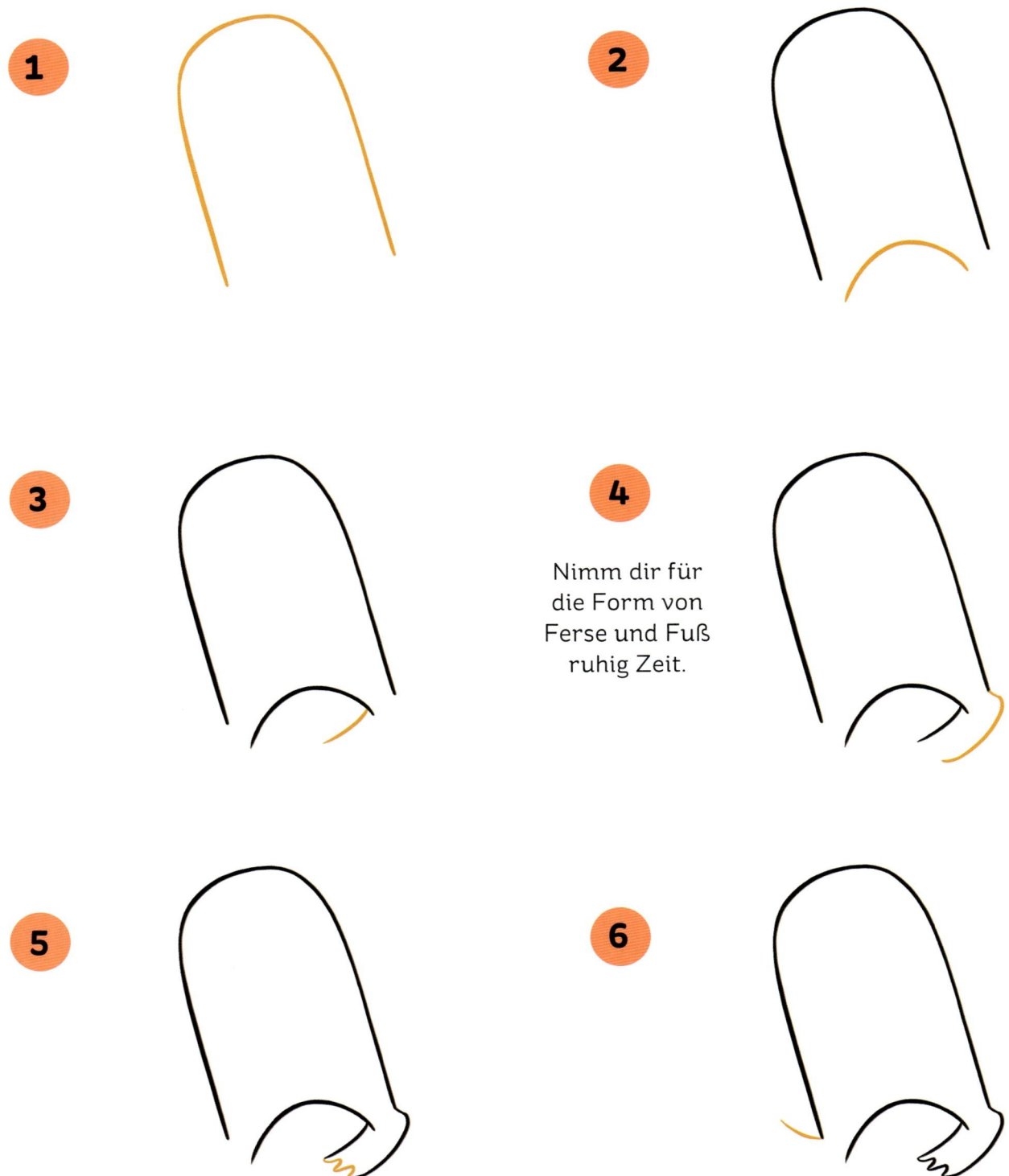

**1**

**2**

**3**

**4**

Nimm dir für die Form von Ferse und Fuß ruhig Zeit.

**5**

**6**

**7**

**8** Füge die Zehen und den zweiten Fuß hinzu.

**9**

**10**

**11**

**12** Male gezackte Linien für das Fell und radiere deine Hilfslinien weg. Wie wär's noch mit etwas Schnee und Fußspuren?

# Rennpferd

**1**

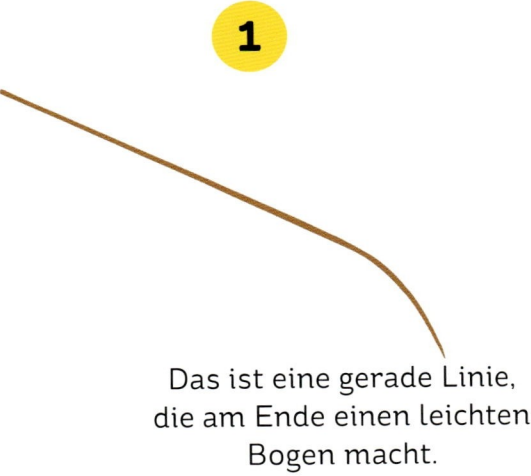

Das ist eine gerade Linie,
die am Ende einen leichten
Bogen macht.

**2**

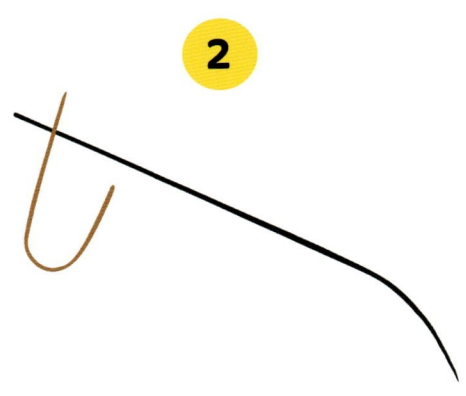

**3**

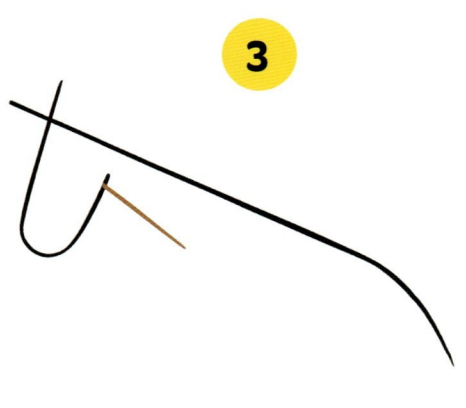

**4**

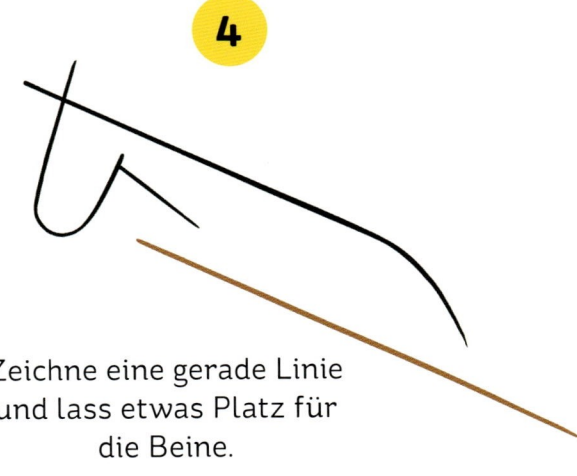

Zeichne eine gerade Linie
und lass etwas Platz für
die Beine.

**5**

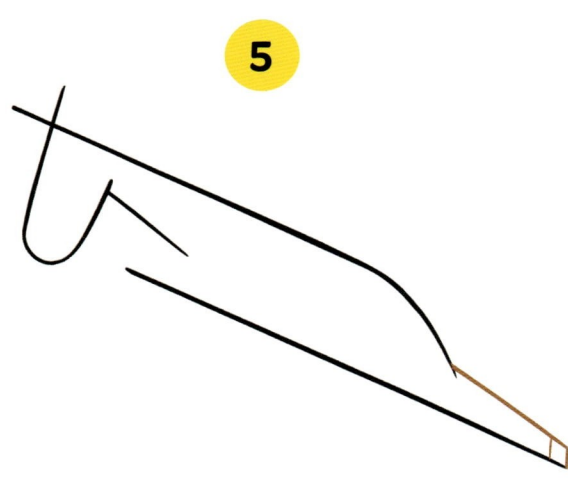

**6**

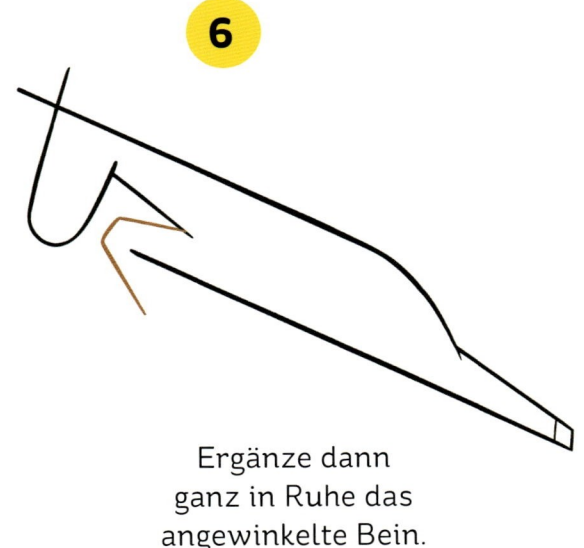

Ergänze dann
ganz in Ruhe das
angewinkelte Bein.

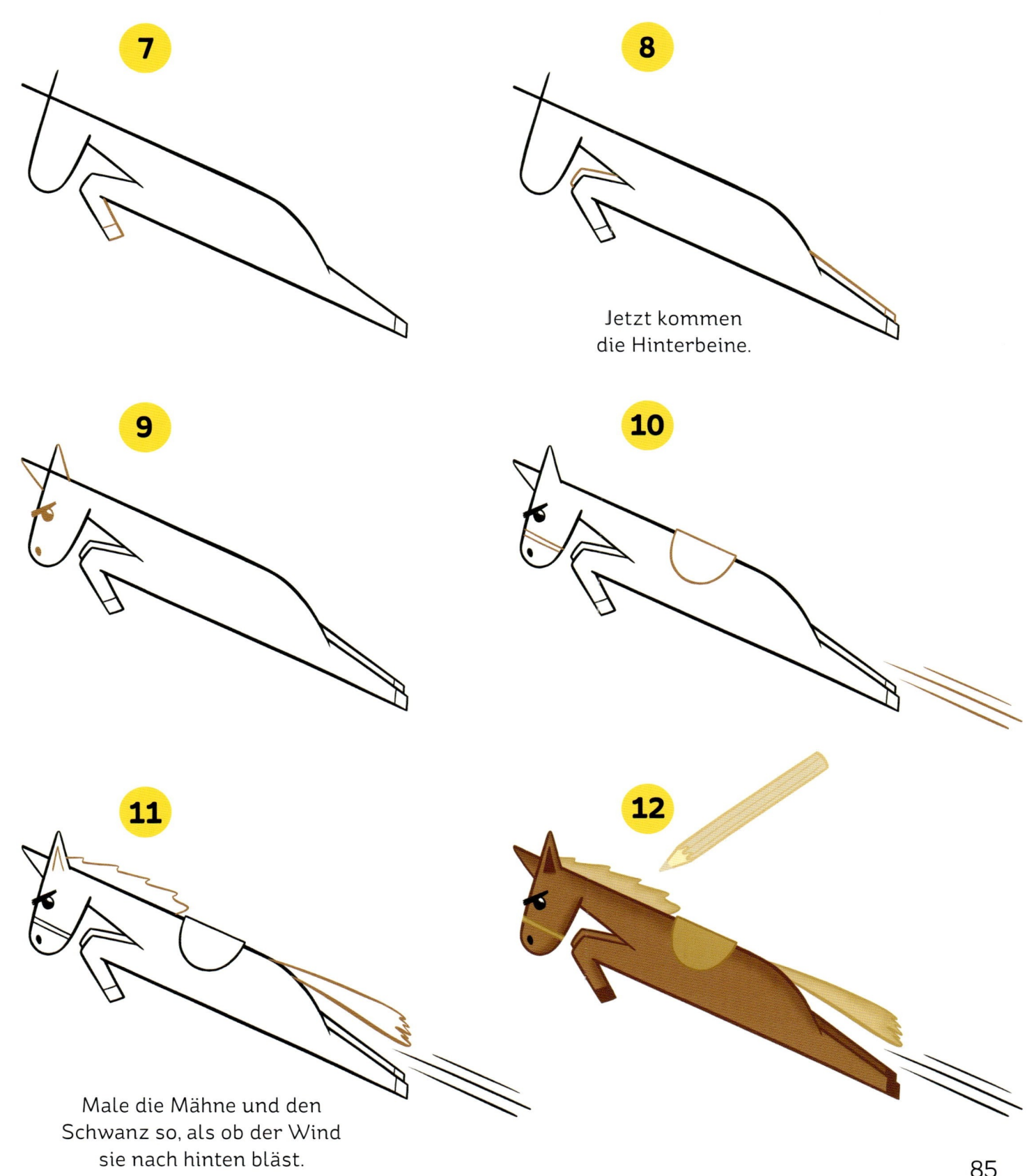

**7**

**8**

Jetzt kommen
die Hinterbeine.

**9**

**10**

**11**

Male die Mähne und den
Schwanz so, als ob der Wind
sie nach hinten bläst.

**12**

# Seepferdchen

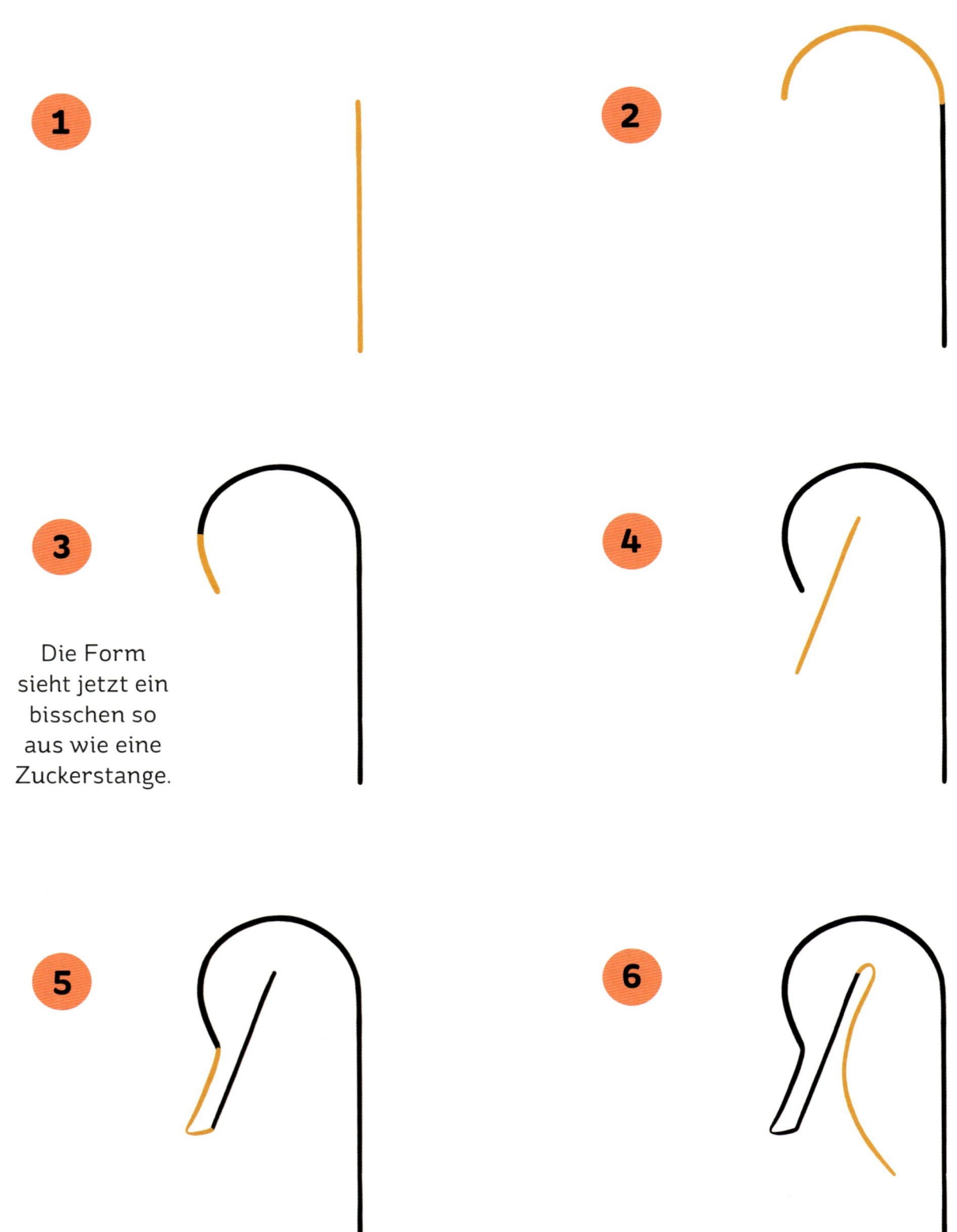

**1**

**2**

**3**

Die Form sieht jetzt ein bisschen so aus wie eine Zuckerstange.

**4**

**5**

**6**

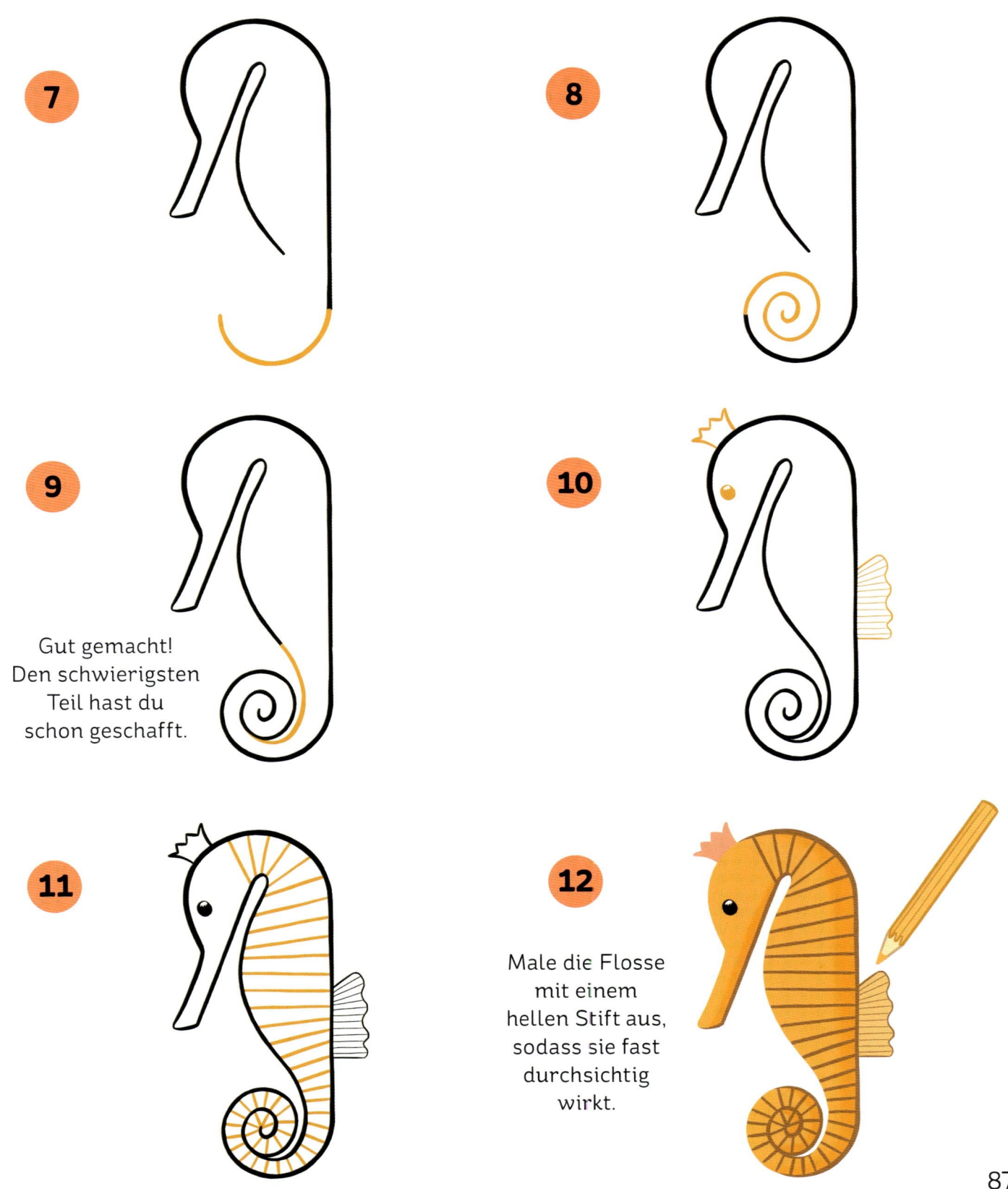

**7**

**8**

**9**

Gut gemacht!
Den schwierigsten
Teil hast du
schon geschafft.

**10**

**11**

**12**

Male die Flosse
mit einem
hellen Stift aus,
sodass sie fast
durchsichtig
wirkt.

# Bärenjunges

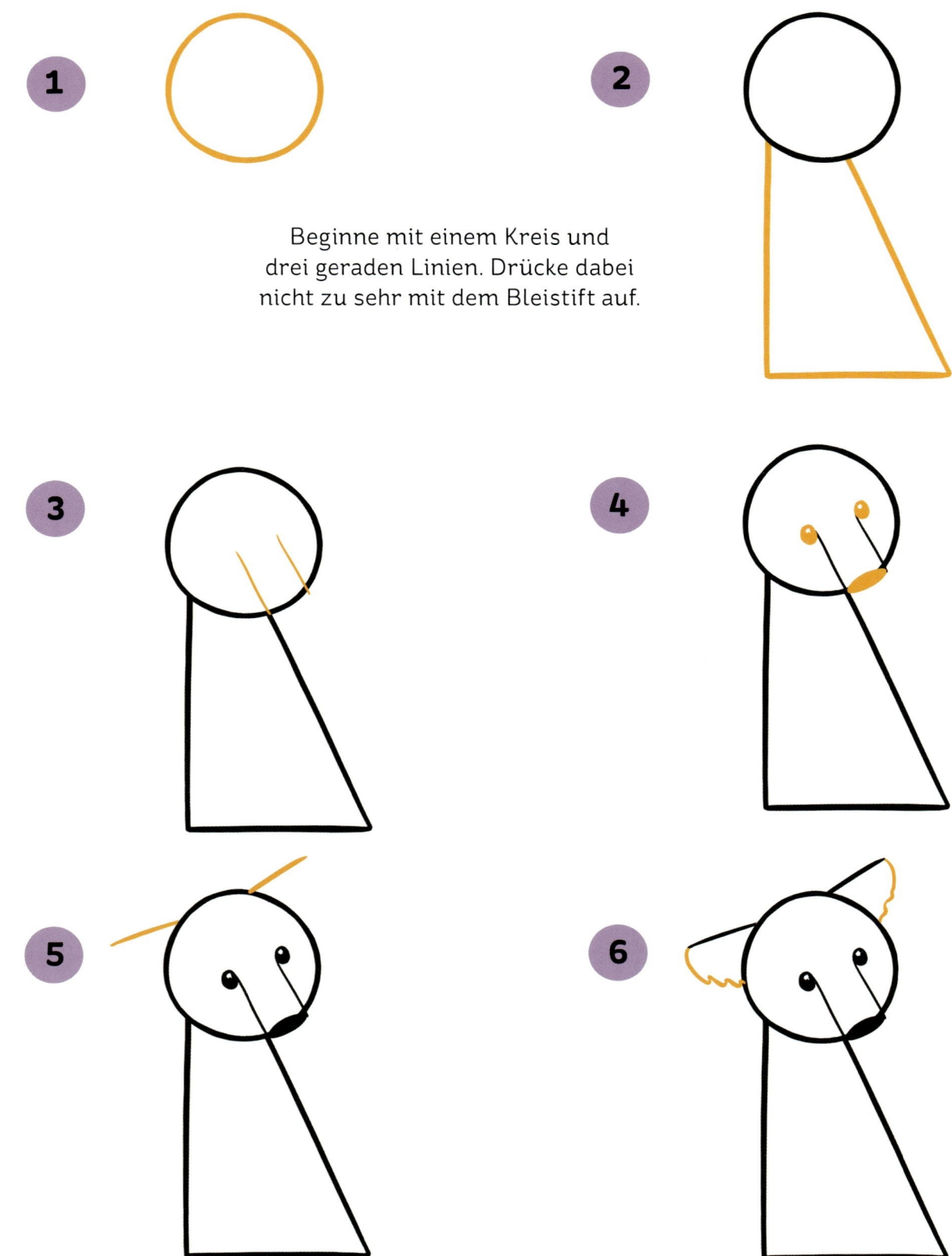

**1**

**2**

Beginne mit einem Kreis und
drei geraden Linien. Drücke dabei
nicht zu sehr mit dem Bleistift auf.

**3**

**4**

**5**

**6**

**7**

**8**

**9**

**10**

**11**

Radiere die Hilfslinien weg und zeichne Augenbrauen, Fell und Schwanz.

**12**

Male den Bären mit einem braunen Buntstift aus und lass ein paar Stellen weiß.

# Shetlandpony

**1**

Male zunächst ein Oval.

**2**

**3**

**4**

Jetzt kommen der Kopf
und die Ohren.

**5**

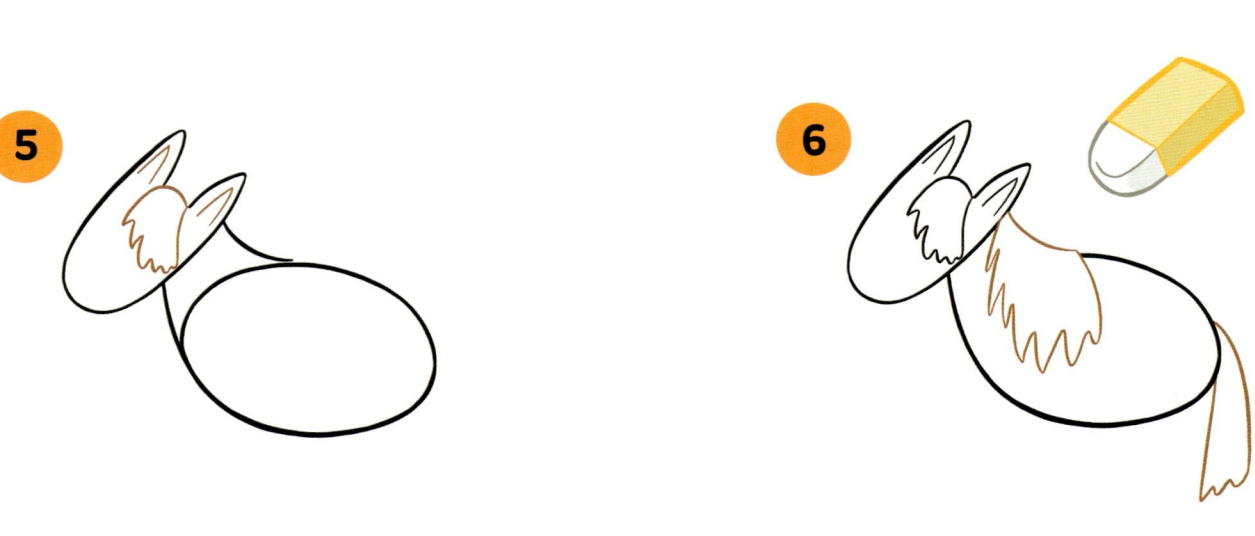

**6**

Fange nun mit den Beinen des Ponys an.

# Lama

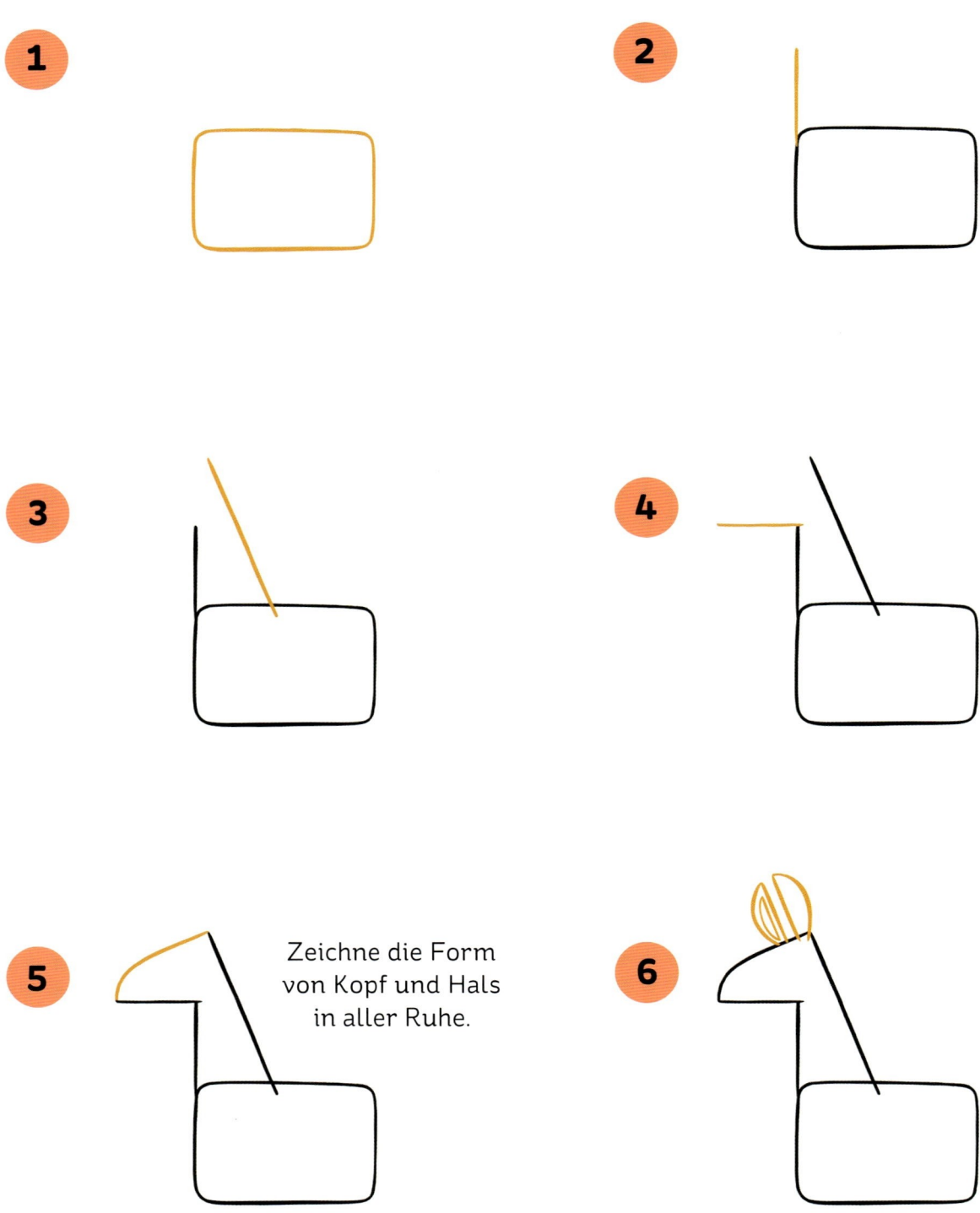

**1**

**2**

**3**

**4**

**5** Zeichne die Form von Kopf und Hals in aller Ruhe.

**6**

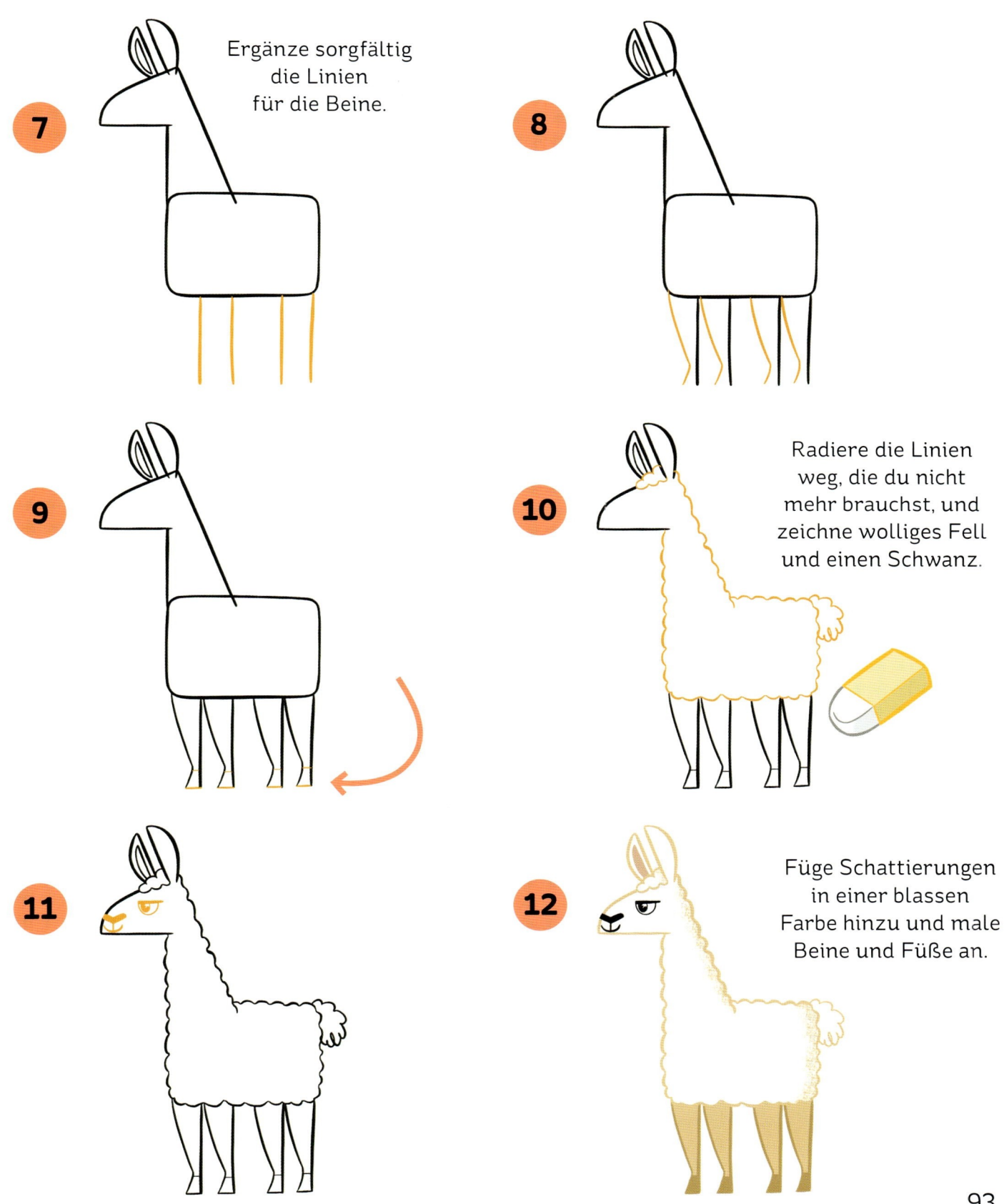

**7** Ergänze sorgfältig die Linien für die Beine.

**8**

**9**

**10** Radiere die Linien weg, die du nicht mehr brauchst, und zeichne wolliges Fell und einen Schwanz.

**11**

**12** Füge Schattierungen in einer blassen Farbe hinzu und male Beine und Füße an.

# Schildkröte

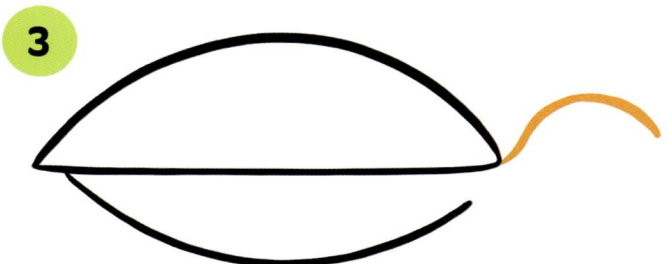

Mit dieser gebogenen
Linie beginnt der Kopf.

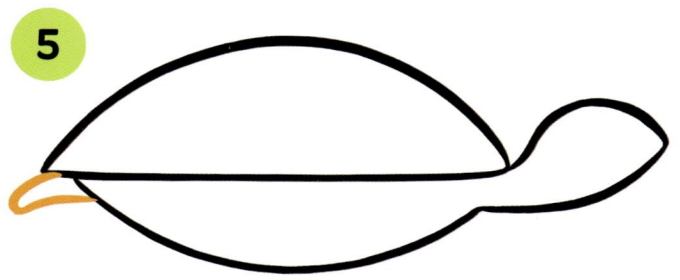

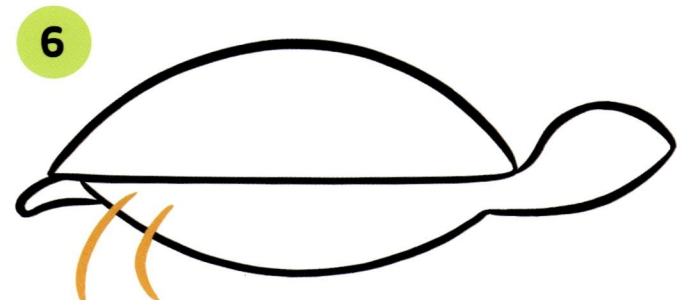

Nimm dir Zeit für die Form
der Beine.

**7**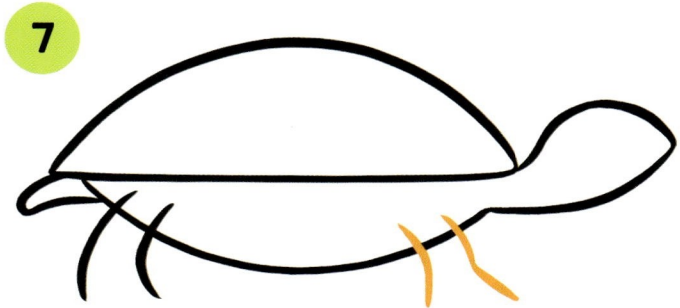

**8**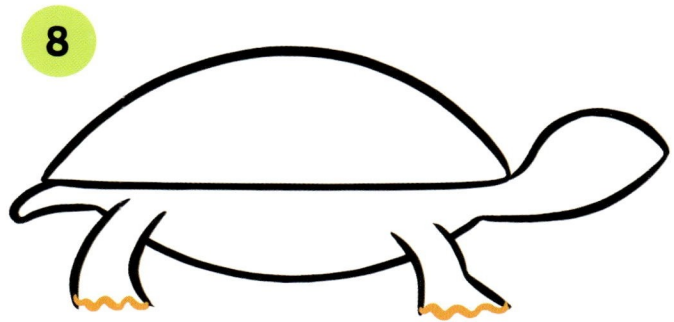

Radiere die Hilfslinien
in den Beinen weg. Zeichne
dann die Zehen.

**9**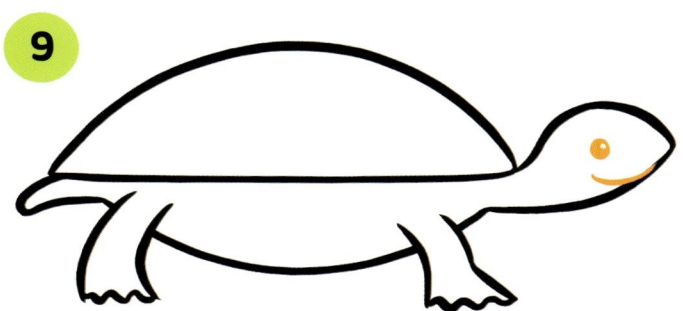

**10**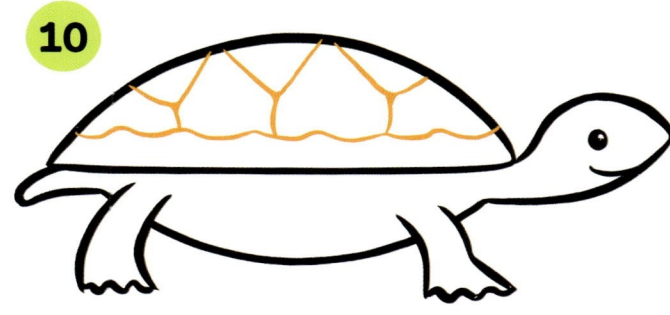

Male jetzt ein Muster
auf den Panzer.

**11**

Zeichne Wellenlinien
auf den Körper.

**12**

# New-Forest-Pony

**1** Zeichne eine gerade Linie und einen großen Bogen für den Körper, danach einen kleineren Bogen für den Kopf.

**2** Die Linien für die Beine sind ganz gerade.

**3**

**4**

**5** Radiere die Hilfslinien weg und zeichne das Gesicht. Wenn du magst, male noch einen Schmetterling dazu.

**6**

# Englisches Vollblutpferd

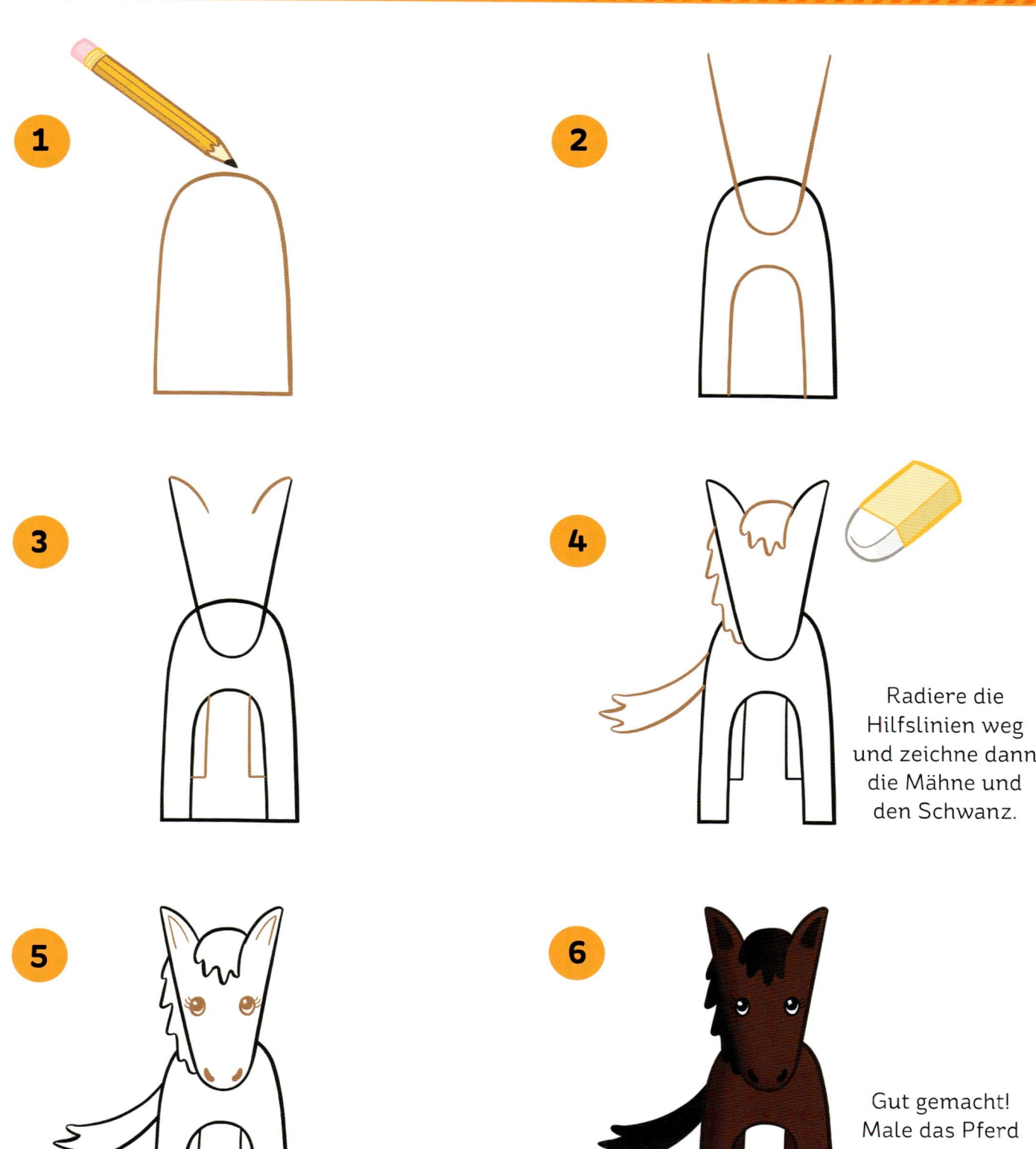

**1**

**2**

**3**

**4**

Radiere die
Hilfslinien weg
und zeichne dann
die Mähne und
den Schwanz.

**5**

**6**

Gut gemacht!
Male das Pferd
jetzt schwarz
und braun an.

# Brontosaurus

**1**

Drücke am Anfang
nur ganz leicht mit
dem Bleistift auf.

**2**

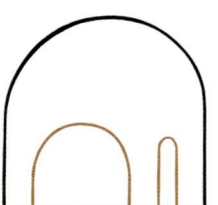

**3**

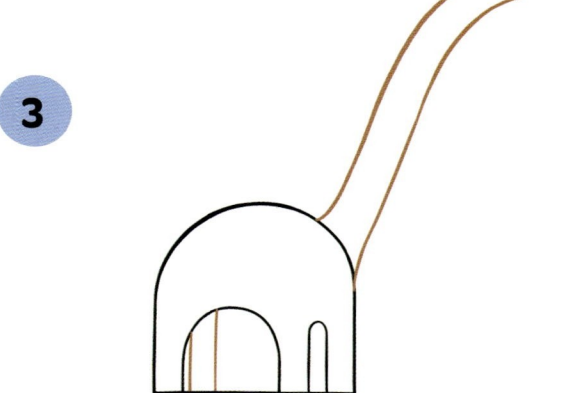

Der lange Hals ist der schwierigste
Teil. Nimm dir für diese Linien
ruhig ein bisschen Zeit.

**4**

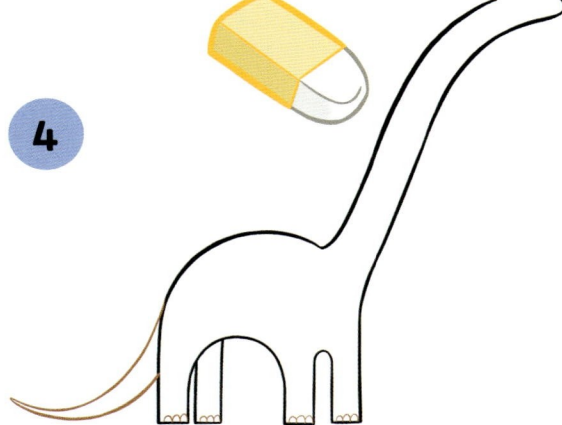

**5**

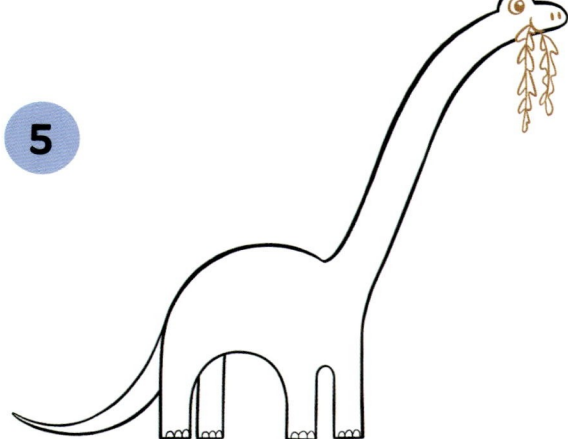

**6**

Zeichne das Gesicht und gib deinem
Brontosaurus eine Pflanze zum Fressen.

# Nyctosaurus

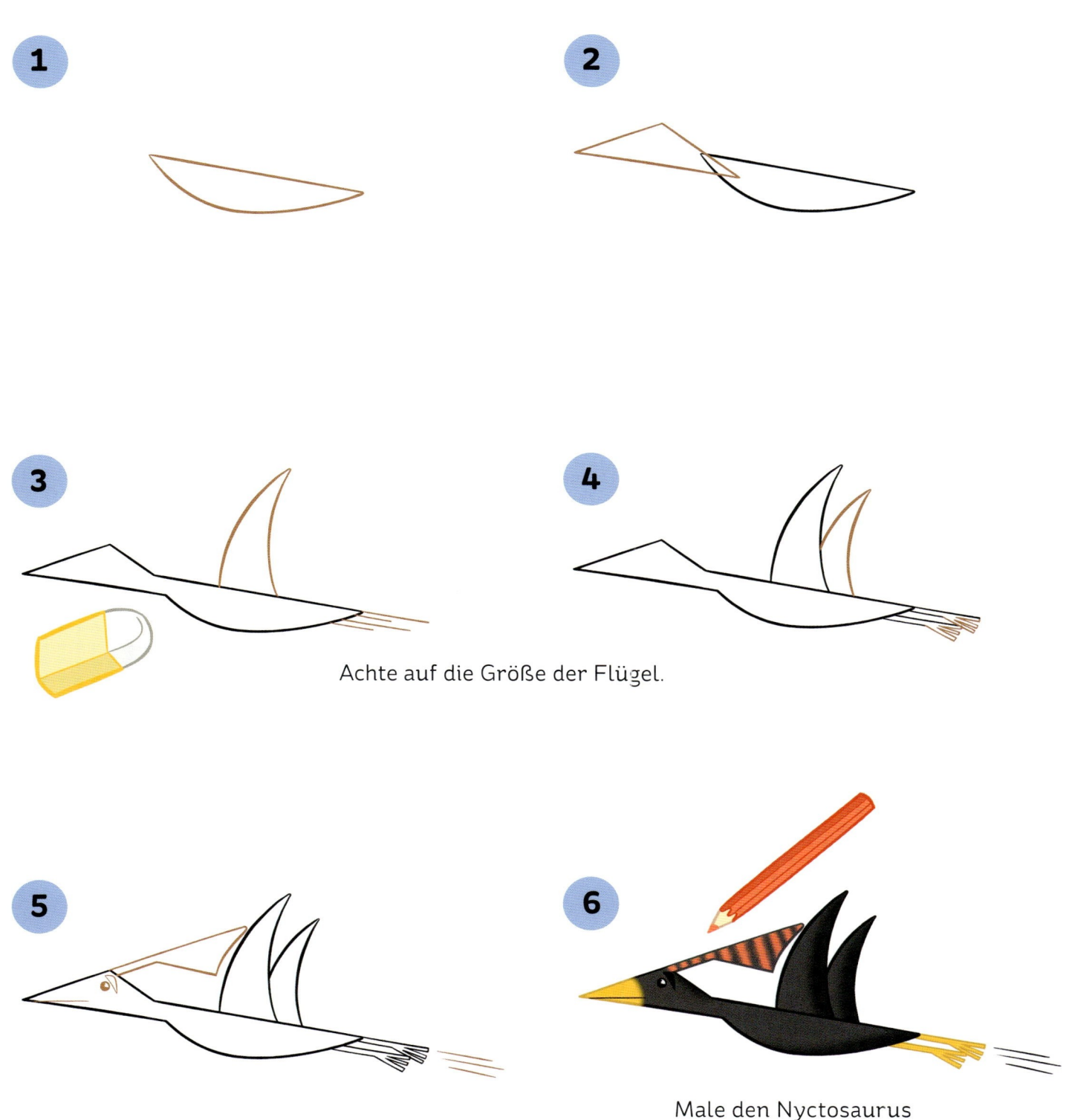

**1**

**2**

**3**

**4**

Achte auf die Größe der Flügel.

**5**

**6**

Male den Nyctosaurus
nach Lust und Laune bunt an.

# Meerjungfrau

Die Hände sind gar nicht so einfach. Zeichne sie ganz in Ruhe.

Beide Hände sollten die gleiche Form und Größe haben.

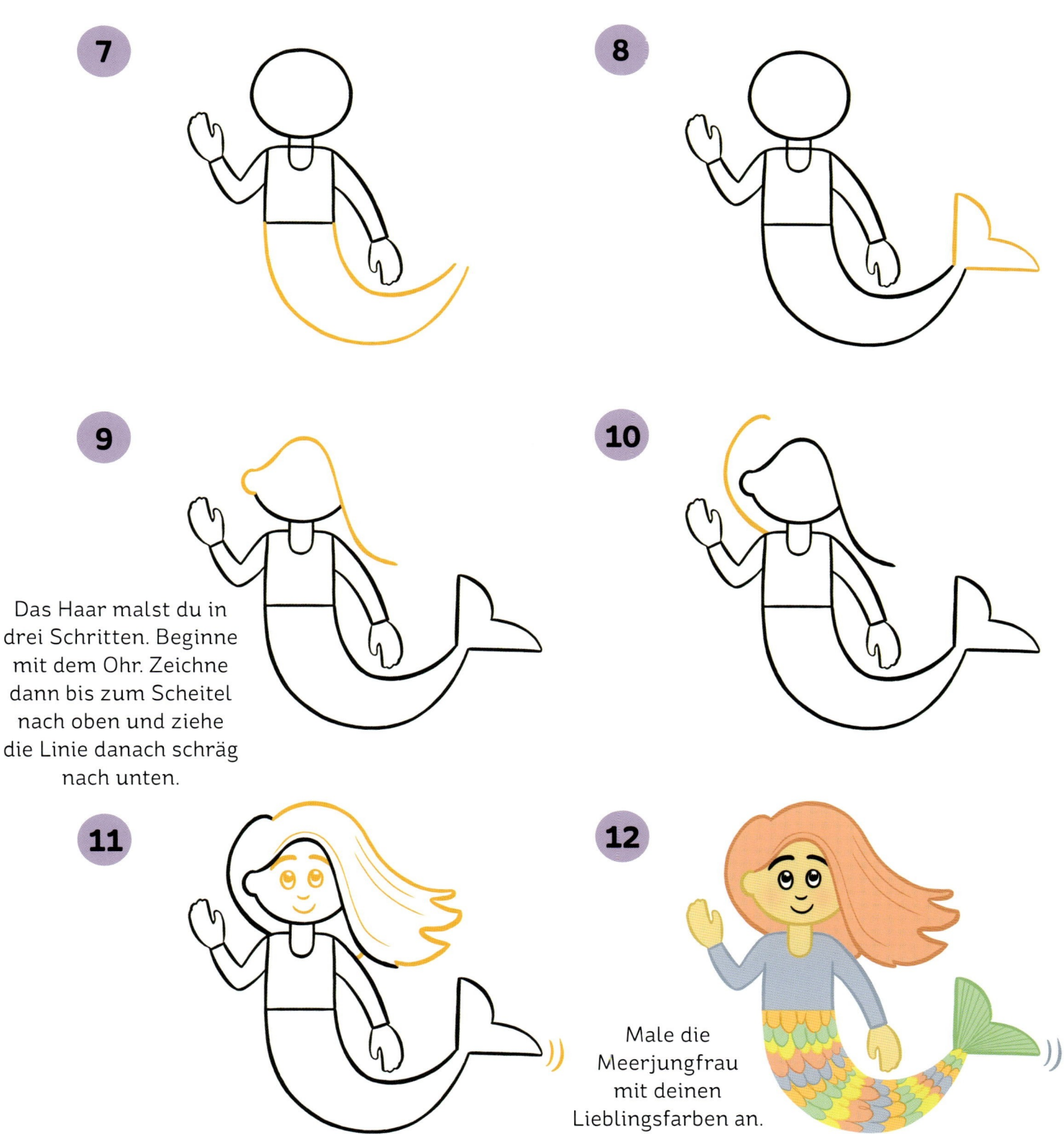

**7**

**8**

**9**

Das Haar malst du in drei Schritten. Beginne mit dem Ohr. Zeichne dann bis zum Scheitel nach oben und ziehe die Linie danach schräg nach unten.

**10**

**11**

**12**

Male die Meerjungfrau mit deinen Lieblingsfarben an.

# Hundewelpe

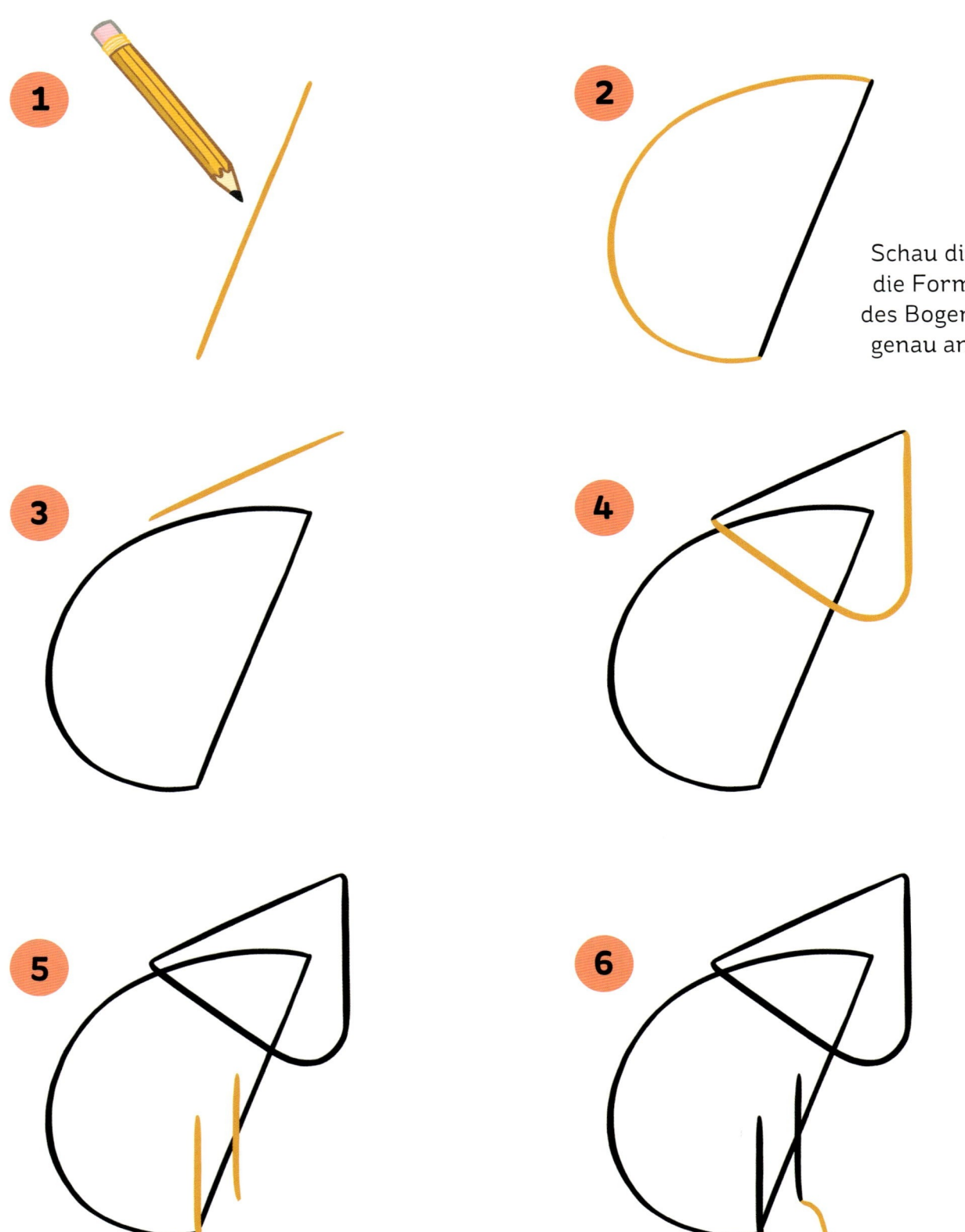

Schau dir die Form des Bogens genau an.

**7**

**8**

**9**

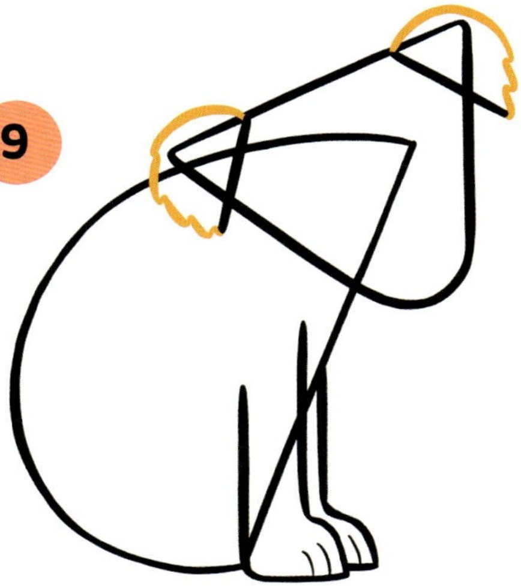

**10**

**11**

**12**

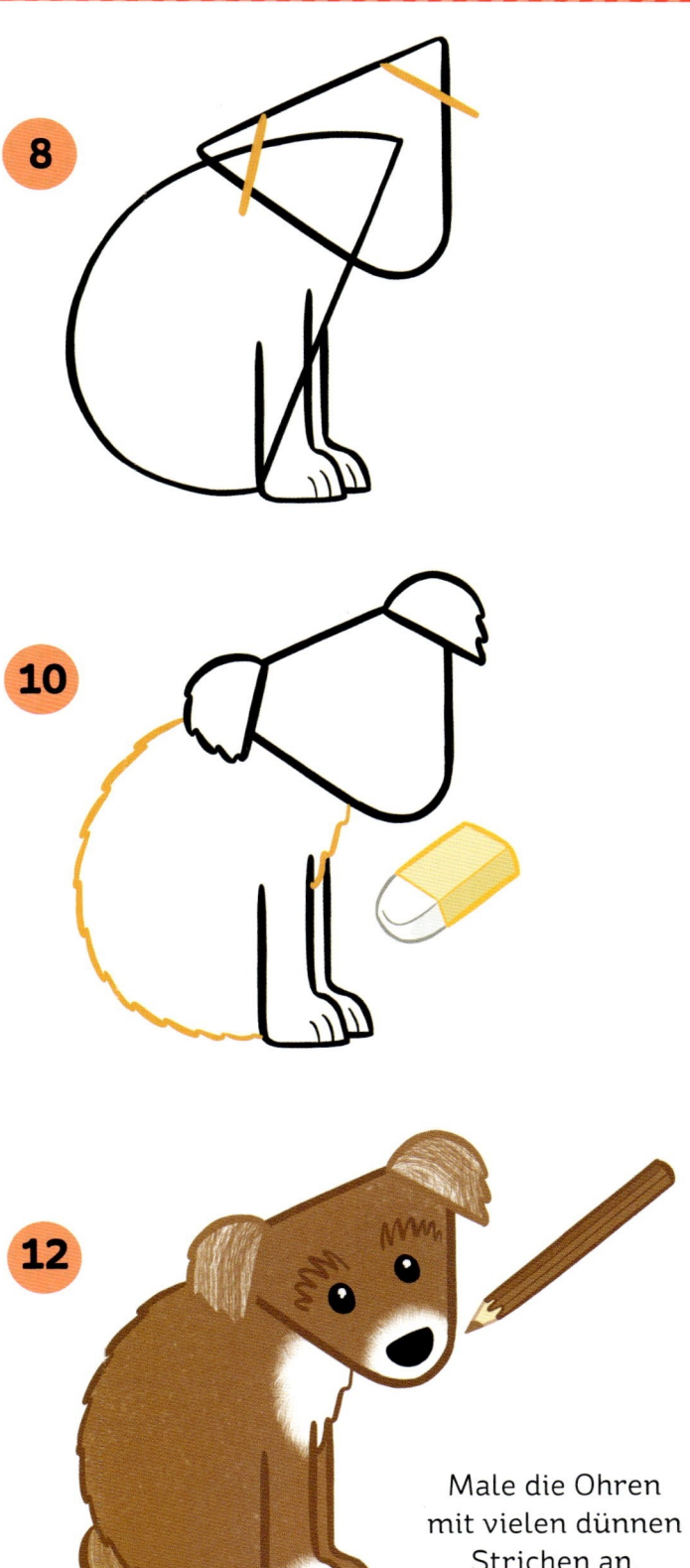

Male die Ohren
mit vielen dünnen
Strichen an.

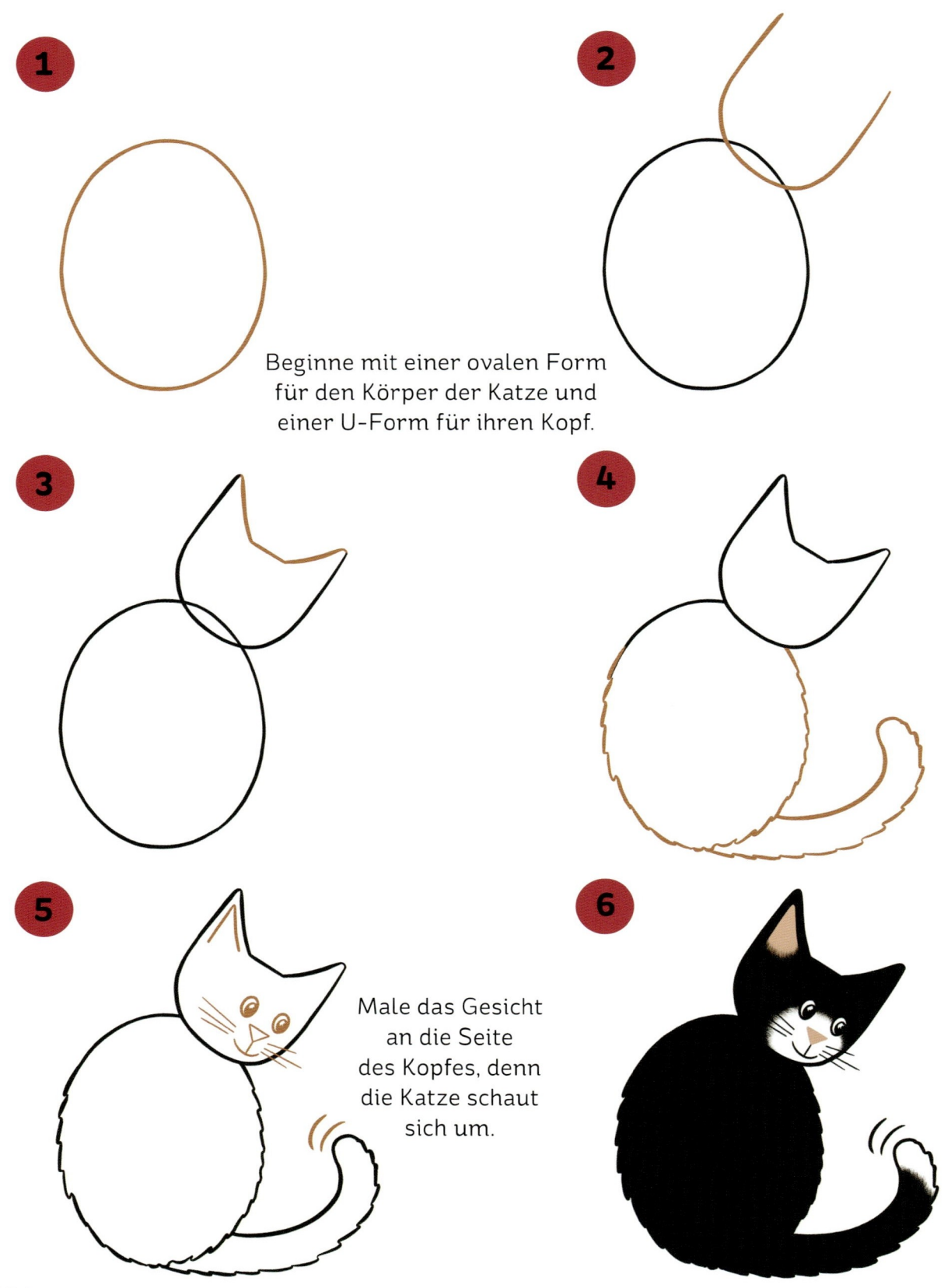

**1**

Beginne mit einer ovalen Form für den Körper der Katze und einer U-Form für ihren Kopf.

**2**

**3**

**4**

**5**

Male das Gesicht an die Seite des Kopfes, denn die Katze schaut sich um.

**6**

**1**

**2** Drehe das Blatt,
um die Ohren zu malen.

**3**

**4**

Zeichne diesen Bogen zuerst mit Bleistift vor,
bis du mit der Form zufrieden bist, und dann
die gezackten Fell-Linien darüber.

**5**

**6**

Male die Katze orange und beige aus. Lass den
Bauch und die Pfoten weiß. Zum Schluss fügst du
die schwarzen Streifen dazu.

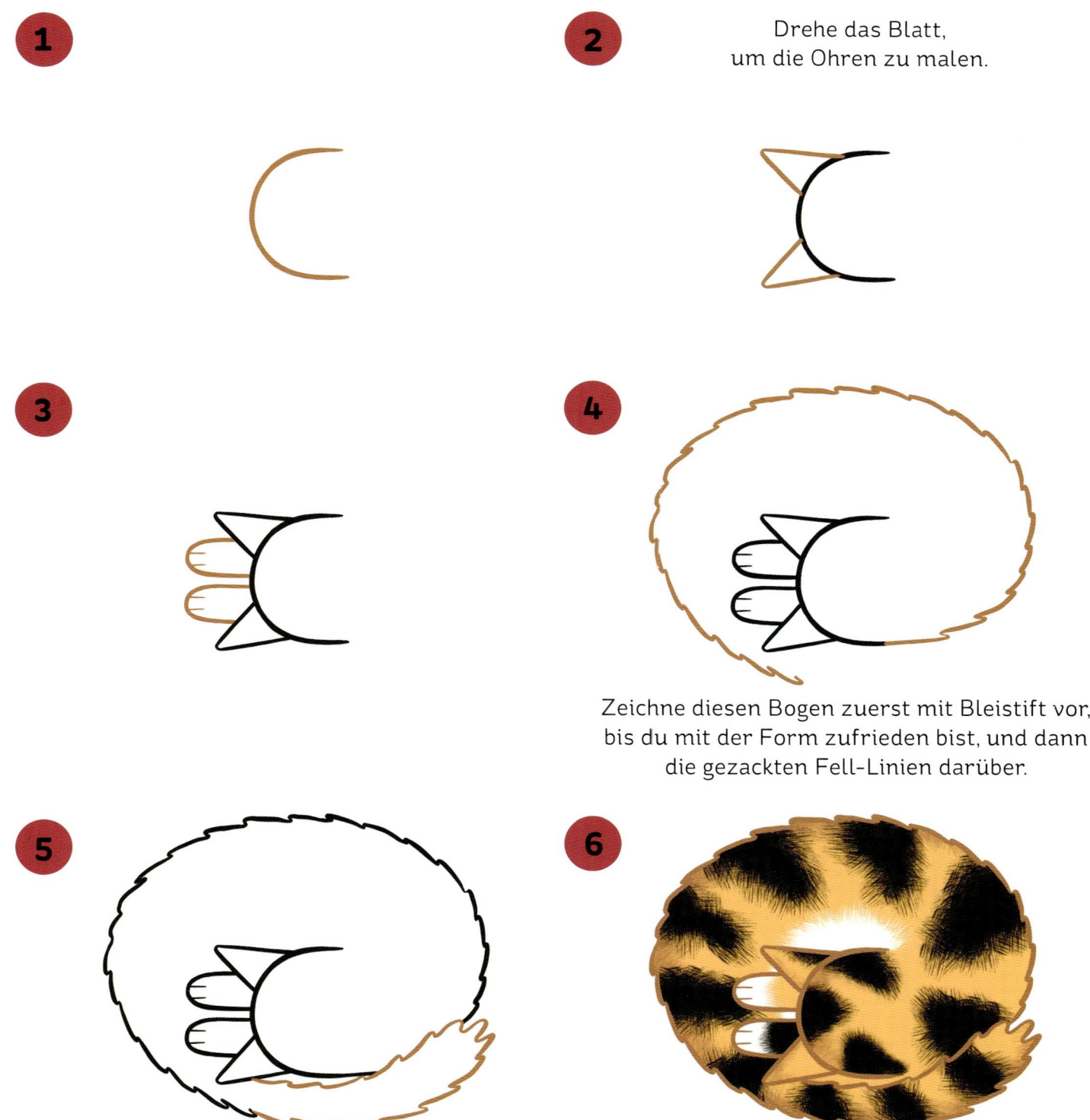

# Igel

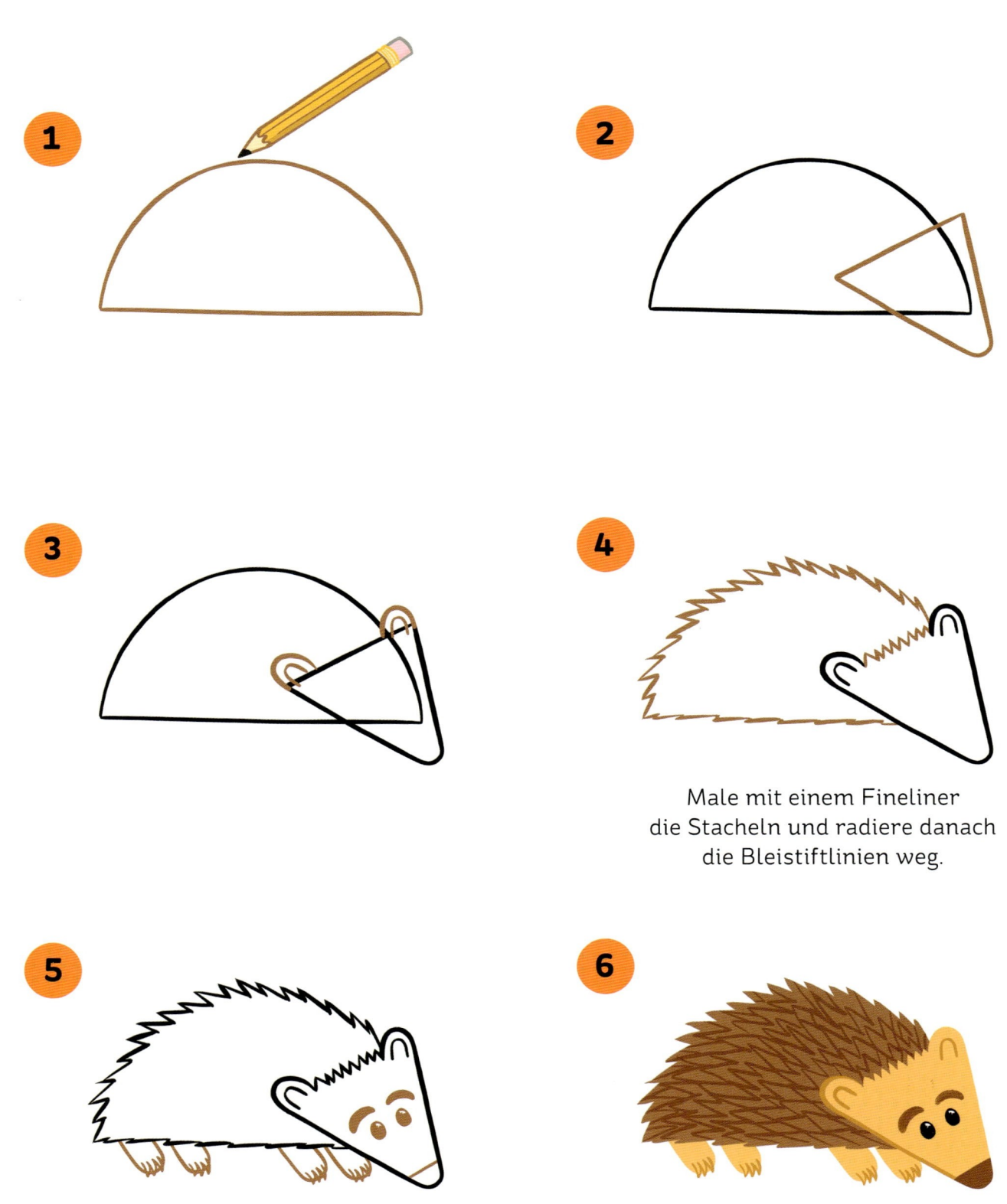

**1**

**2**

**3**

**4**

Male mit einem Fineliner
die Stacheln und radiere danach
die Bleistiftlinien weg.

**5**

**6**

Zeichne mit einem Bleistift Füße, Tatzen und Gesicht.
Danach kannst du mit einem Fineliner darübermalen.

# Wal

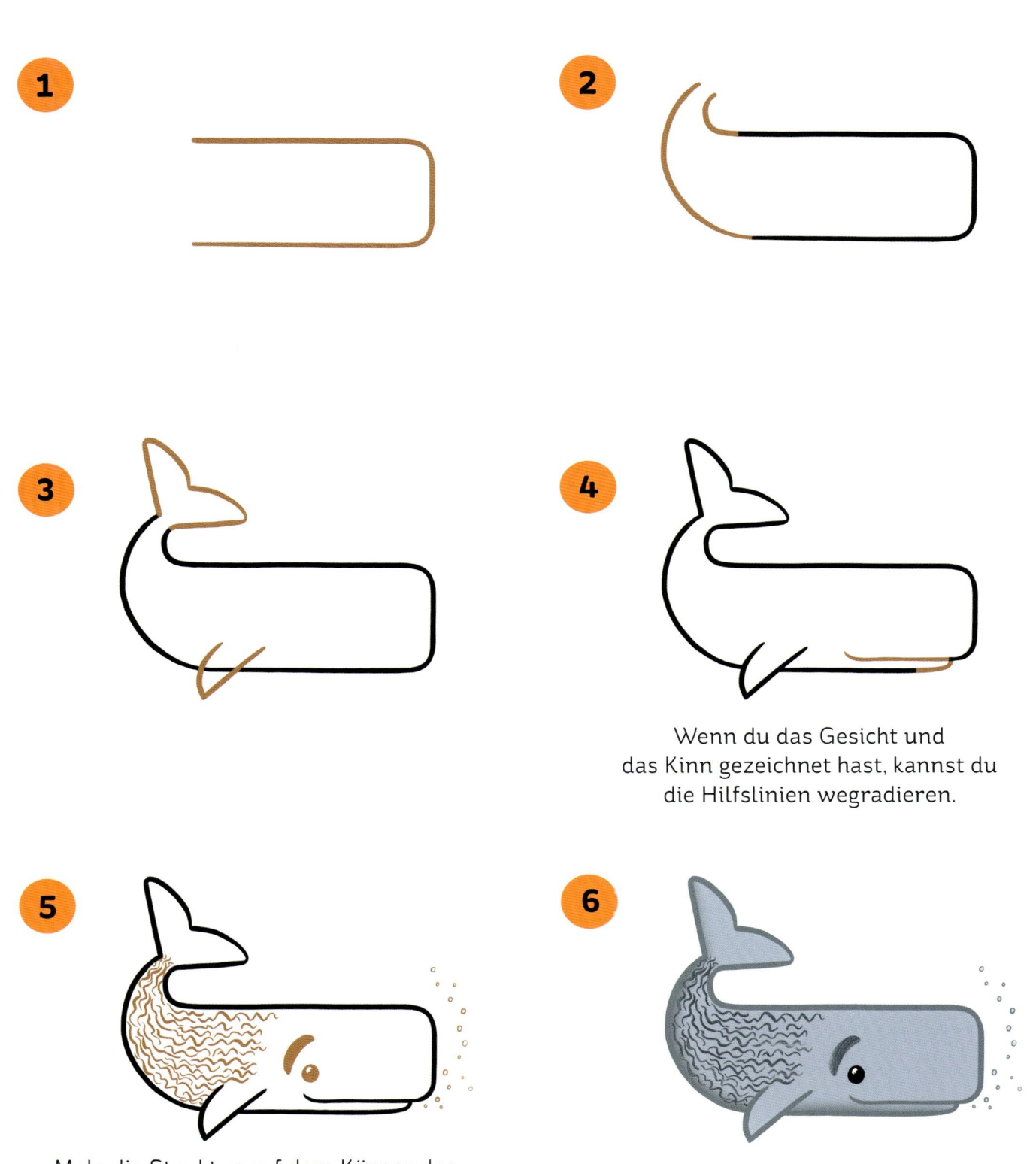

**1**

**2**

**3**

**4**

Wenn du das Gesicht und
das Kinn gezeichnet hast, kannst du
die Hilfslinien wegradieren.

**5**

Male die Struktur auf dem Körper des
Wals so, wie es dir gefällt.

**6**

# Springendes Pferd

**1**

**2**

Sieh genau hin,
damit du diese Linie
richtig zeichnest.

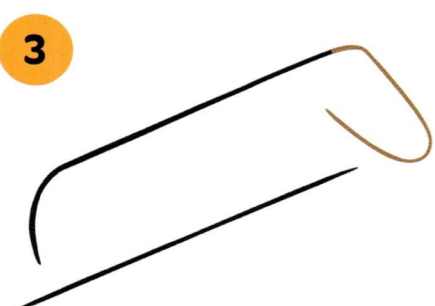

**3**

**4**

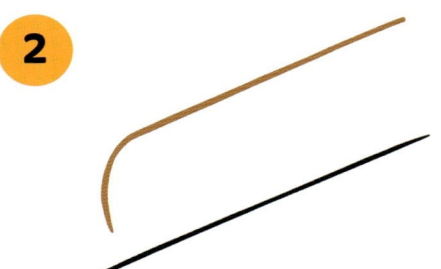

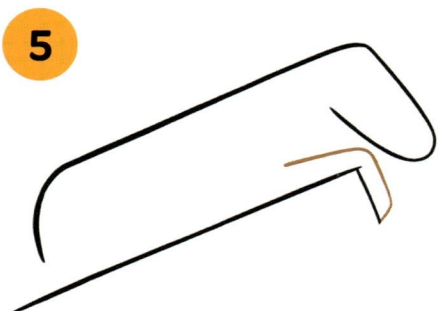

**5**

**6**

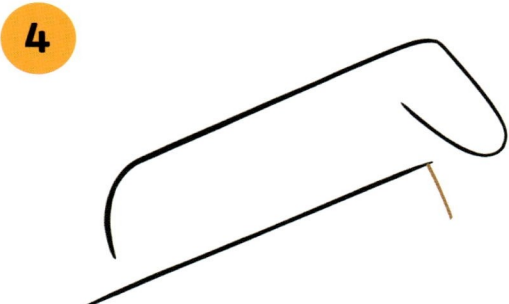

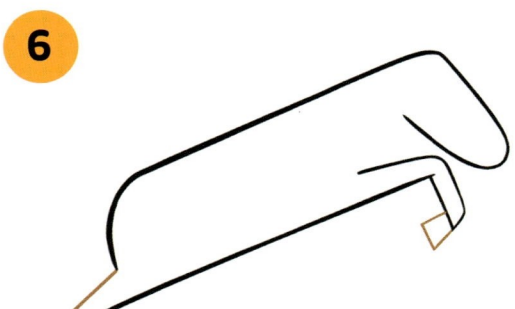

Die Beine sind ganz schön
knifflig. Schau dir die Bilder
daher genau an.

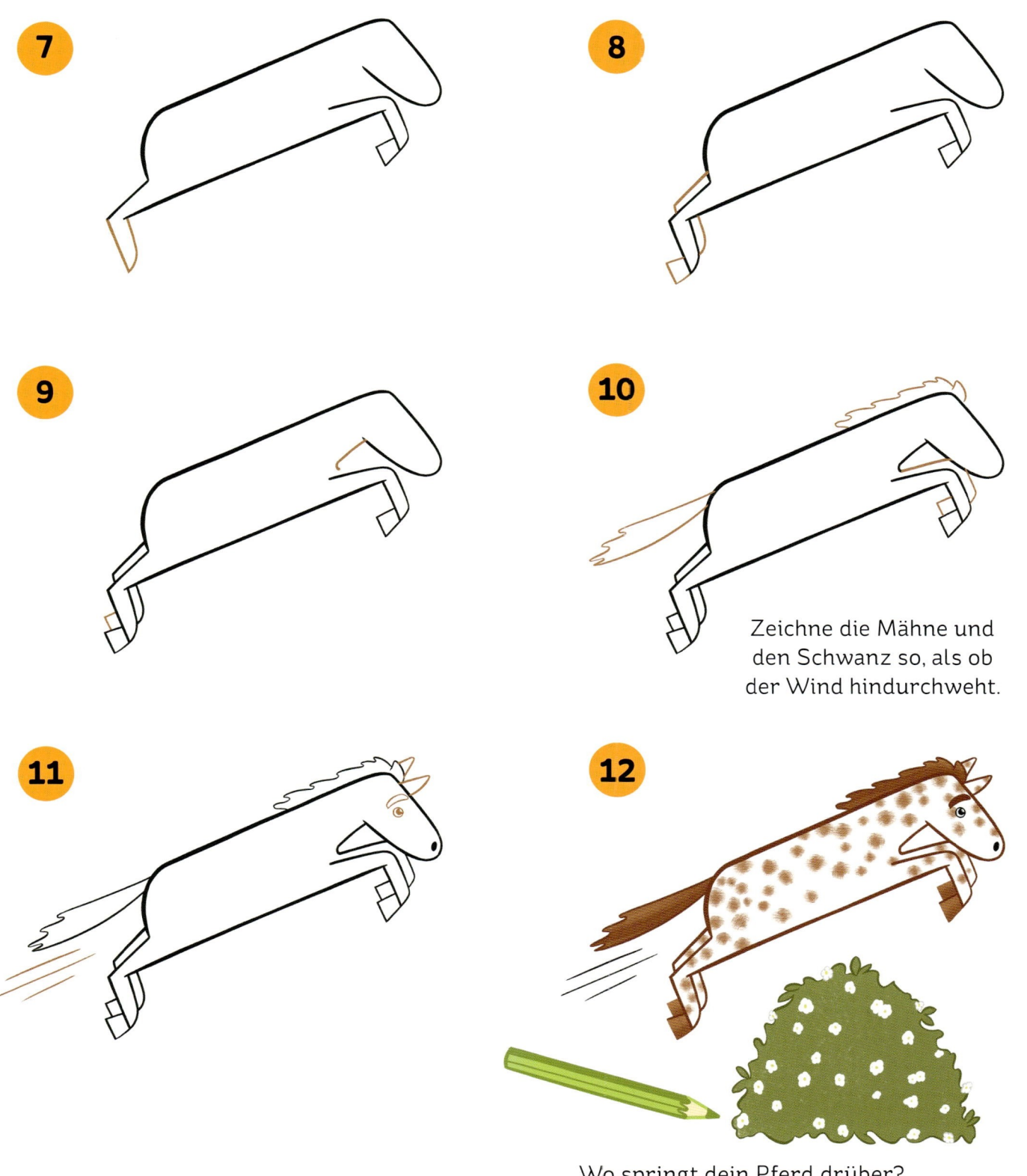

**7**

**8**

**9**

**10**

Zeichne die Mähne und
den Schwanz so, als ob
der Wind hindurchweht.

**11**

**12**

Wo springt dein Pferd drüber?
Denk dir etwas aus und zeichne es.

# Teddybär

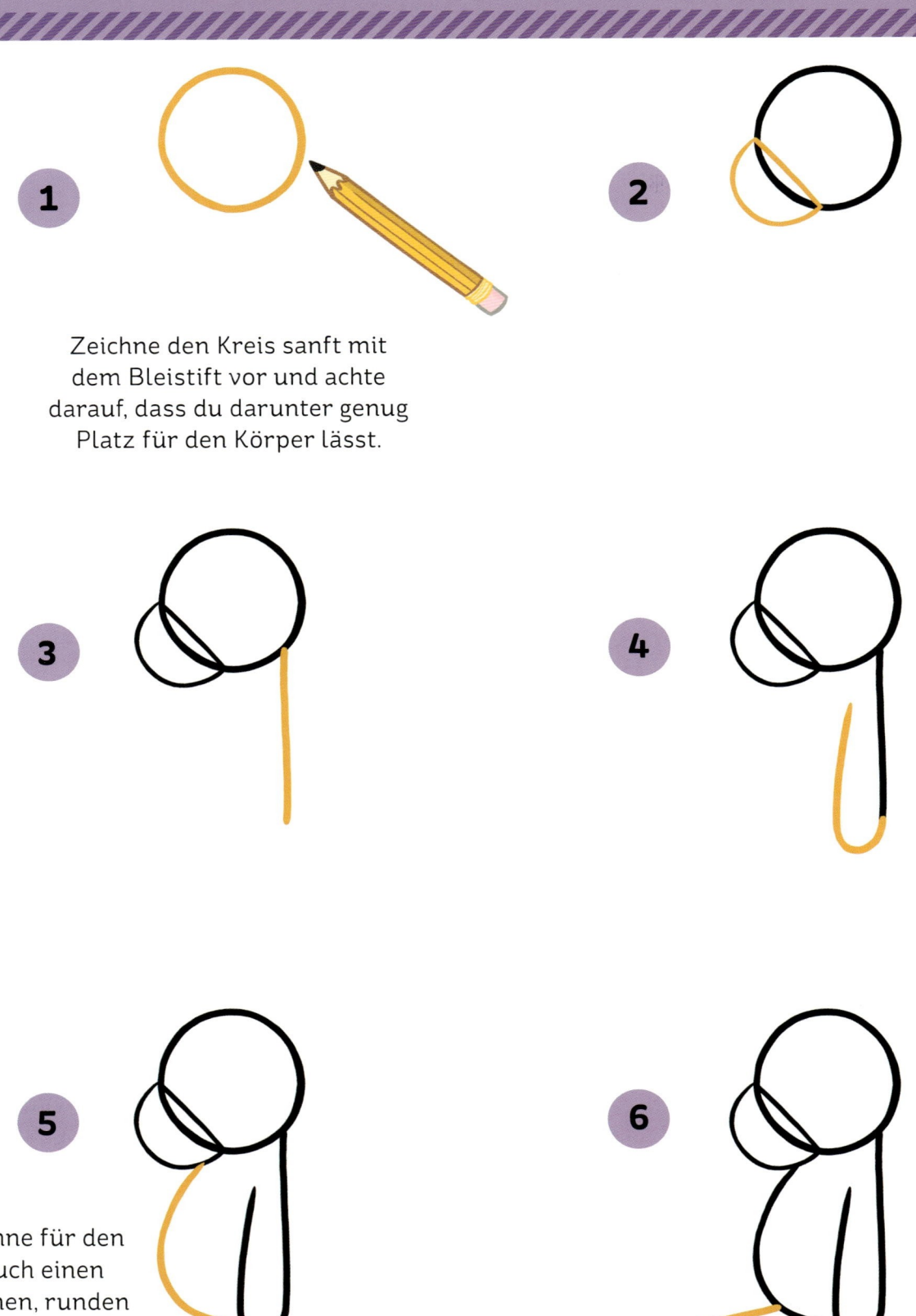

**1** Zeichne den Kreis sanft mit dem Bleistift vor und achte darauf, dass du darunter genug Platz für den Körper lässt.

**2**

**3**

**4**

**5** Zeichne für den Bauch einen schönen, runden Bogen.

**6**

**7**

**8**

**9** Zeichne Ohren
und Pfoten.
Radiere dann die
Hilfslinien weg.

**10**

**11** Male die Nase
aus vielen kleinen
Linien, damit es so
aussieht, als wäre
sie aufgestickt.

**12** Drücke beim
Ausmalen
nur leicht mit
dem Buntstift
auf, damit der
Teddy flauschig
aussieht.

111

**1**

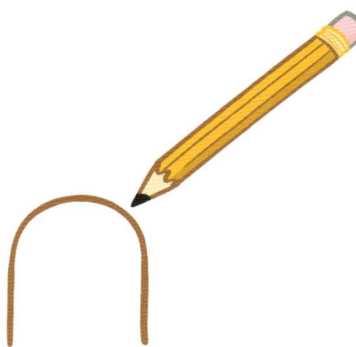

**2**

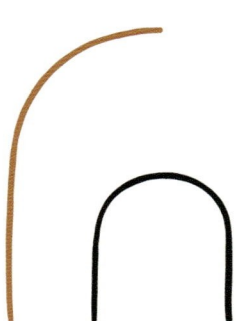

**3**

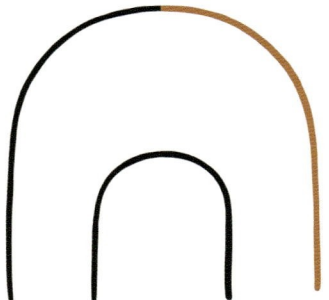

Zuerst sieht die Form
deiner Katze wie ein
Regenbogen aus.

**4**

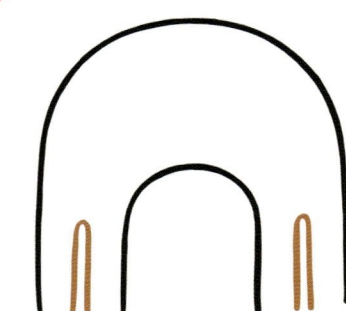

**5**

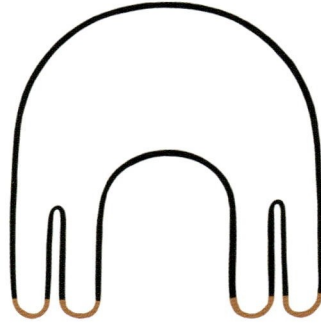

**6**

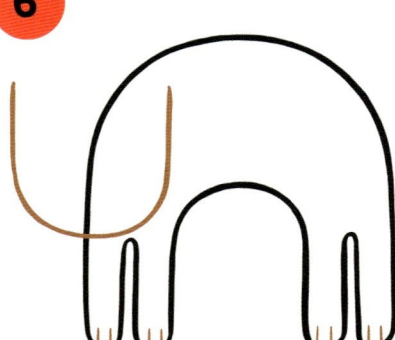

**7**

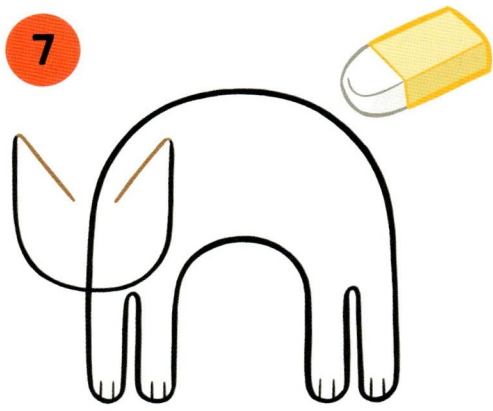

**8**

Male mit einer gezackten Linie über Bauch und Rücken. So entsteht das Fell.

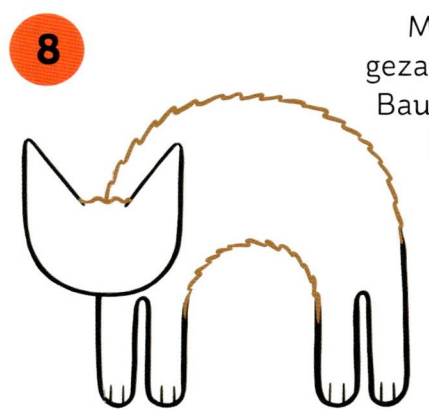

**9**

Der Schwanz sollte schön spitz sein.

**10**

**11**

**12**

# Pferd im Stall

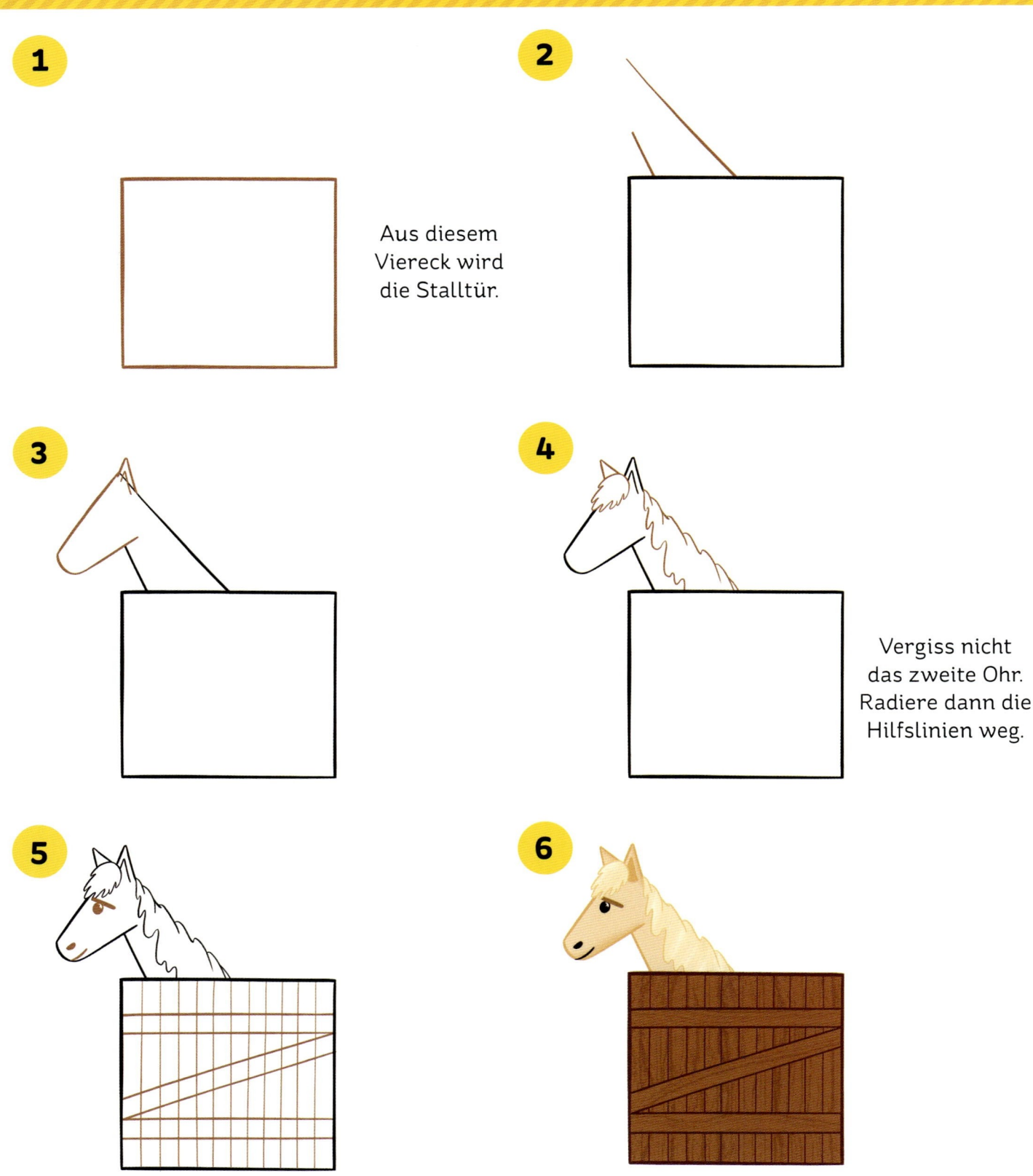

**1**

Aus diesem Viereck wird die Stalltür.

**2**

**3**

**4**

Vergiss nicht das zweite Ohr. Radiere dann die Hilfslinien weg.

**5**

**6**

Wenn du mit dem Pferd fertig bist, zeichne die Linien auf der Stalltür. Die vorderen Bretter sehen wie ein Z aus.

# Exmoor-Pony

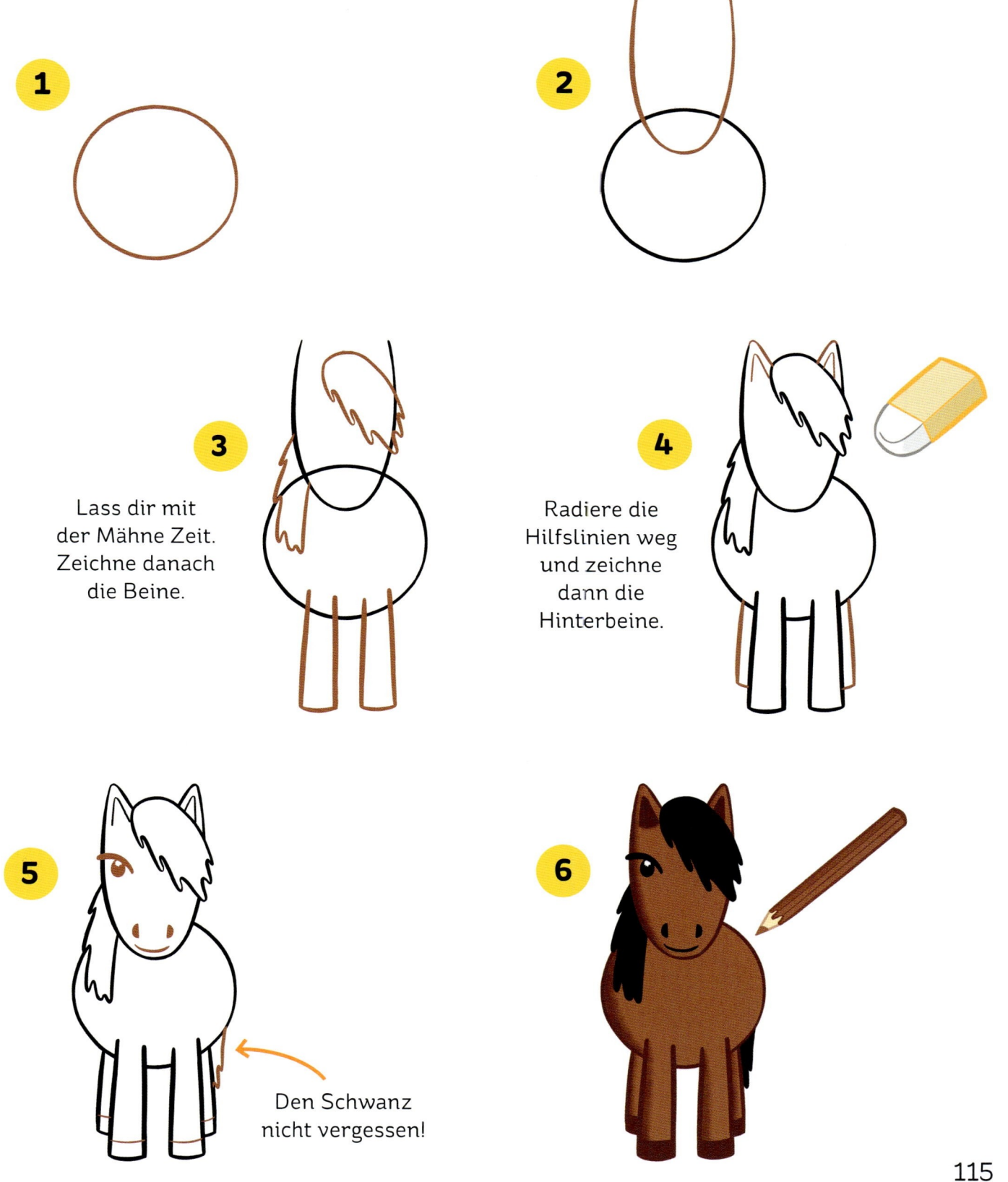

**1**

**2**

**3**

Lass dir mit der Mähne Zeit. Zeichne danach die Beine.

**4**

Radiere die Hilfslinien weg und zeichne dann die Hinterbeine.

**5**

Den Schwanz nicht vergessen!

**6**

**1**

**2**
Wenn du den Kopf fertig gezeichnet hast, kannst du die Hilfslinien wegradieren.

**3**

**4**

**5**
Male den oberen Teil des Schwanzes.

**6**

Male das Fell erst orange an und füge dann mit einem hellen braunen Buntstift die Streifen hinzu. Gehe zum Schluss mit einem dunklen braunen Stift über die Streifen.

# Schlafendes Kaninchen

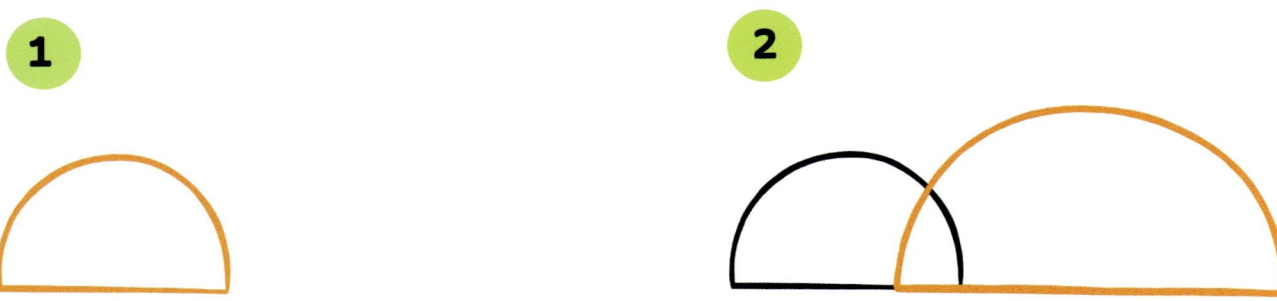

**1**  **2**

Beginne mit zwei Halbkreisen, die sich überlappen.

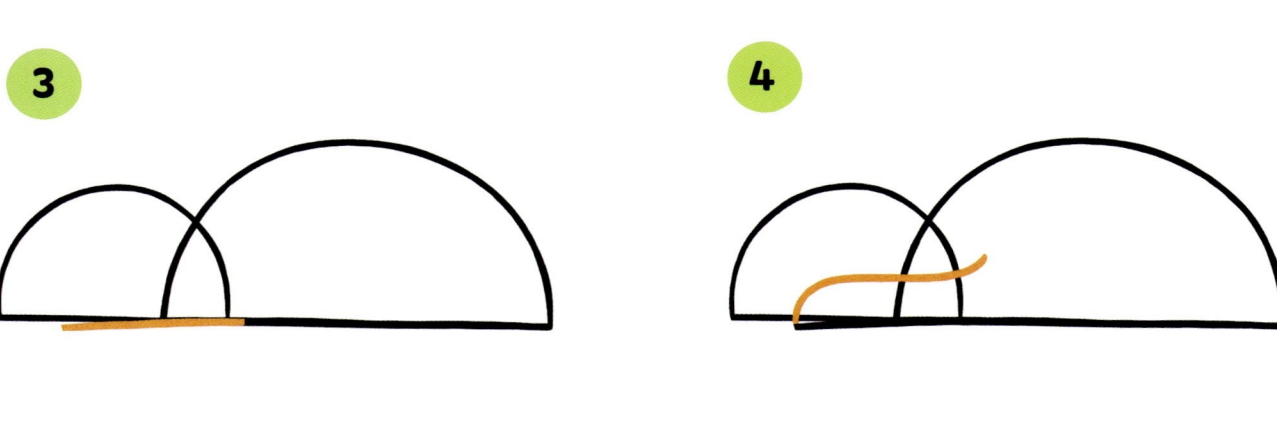

**3**  **4**

**5**

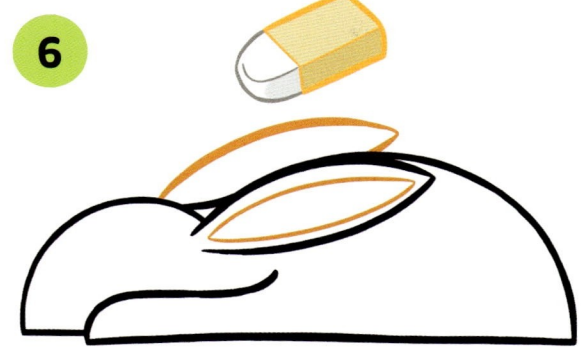

**6**

Radiere die Hilfslinien weg und
zeichne die Ohren fertig.

Male gezackte Linien
für das Fell.

Entscheide selbst, wie du den Hasen ausmalst,
und füge einige verschlafene Zs hinzu.

# Kaltblüter

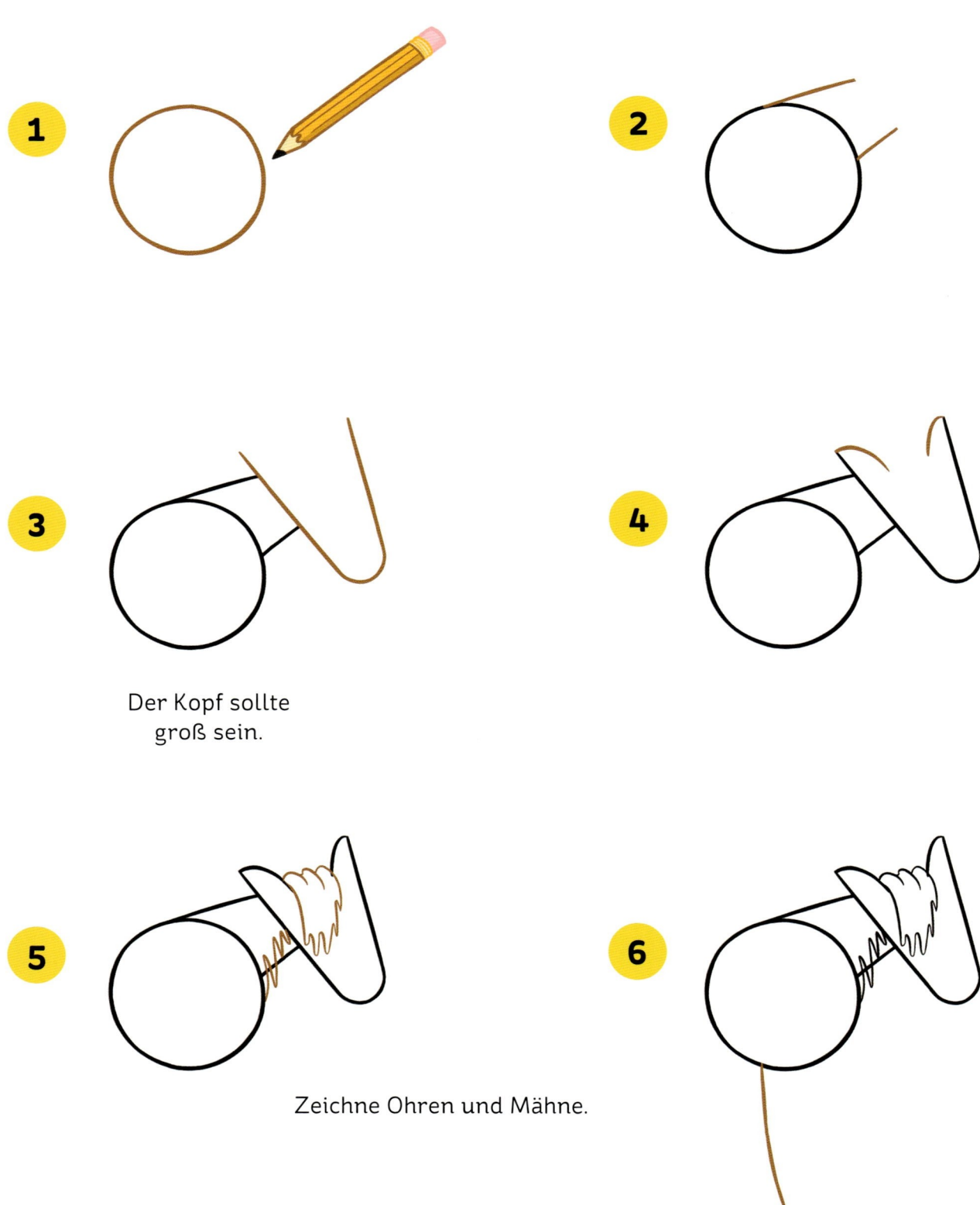

**1**

**2**

**3**

Der Kopf sollte
groß sein.

**4**

**5**

Zeichne Ohren und Mähne.

**6**

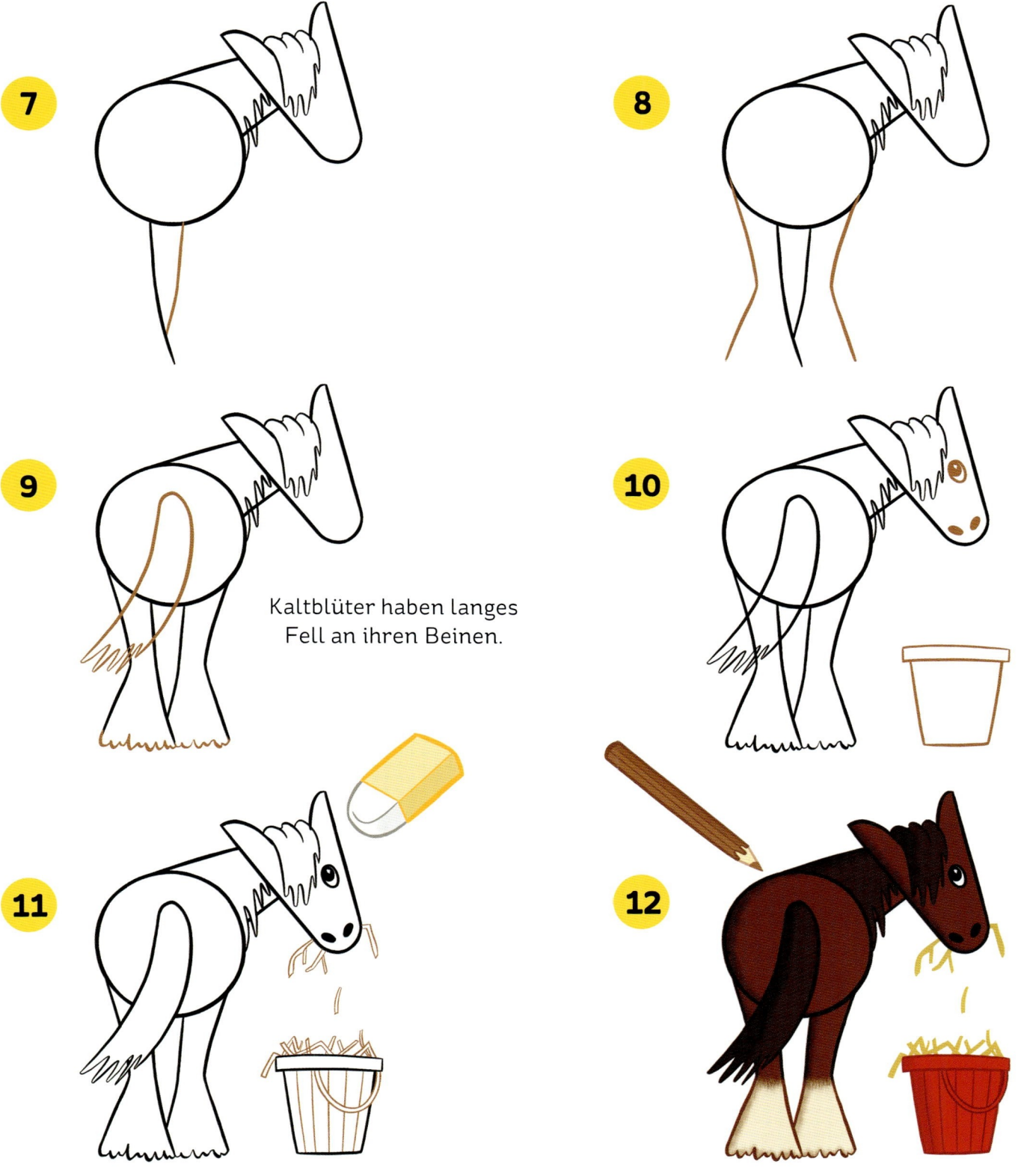

**7**

**8**

**9**

Kaltblüter haben langes
Fell an ihren Beinen.

**10**

**11**

Radiere jetzt die Linien weg,
die du nicht mehr brauchst.

**12**

# Pterodaktylus

**1**

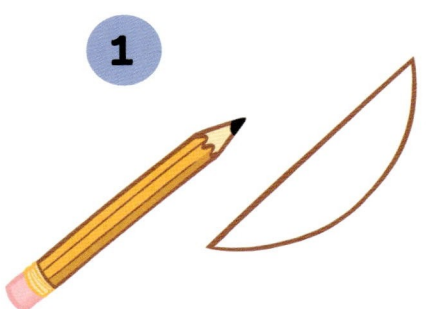

**2**

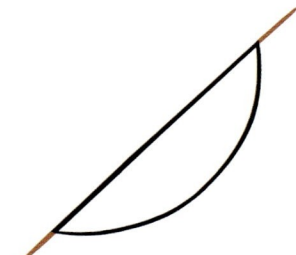

Verlängere den geraden
Strich noch etwas nach
oben und unten.

**3**

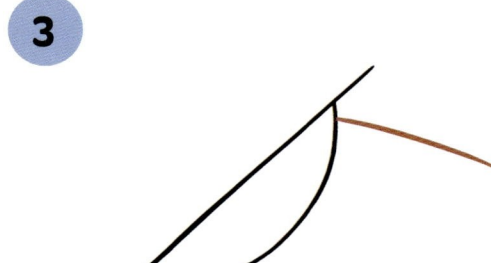

**4**

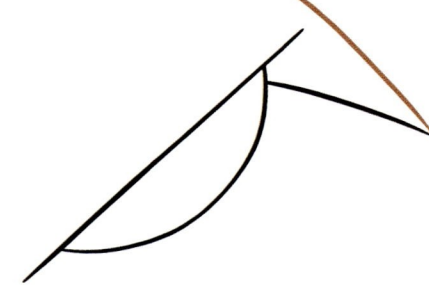

**5**

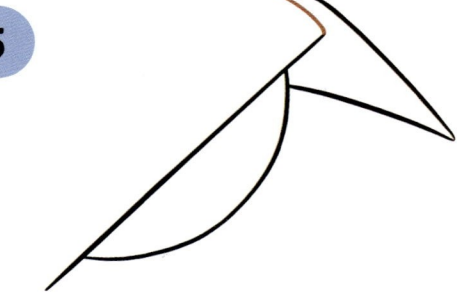

**6**

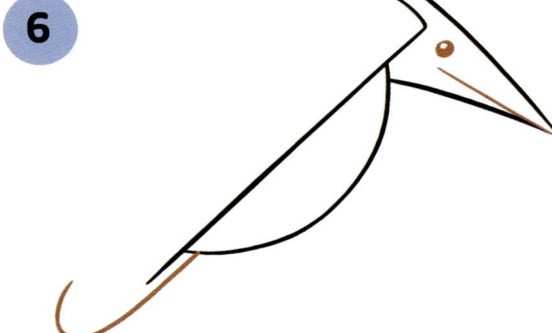

Gib dem Pterodaktylus jetzt
noch ein Gesicht.

**7**

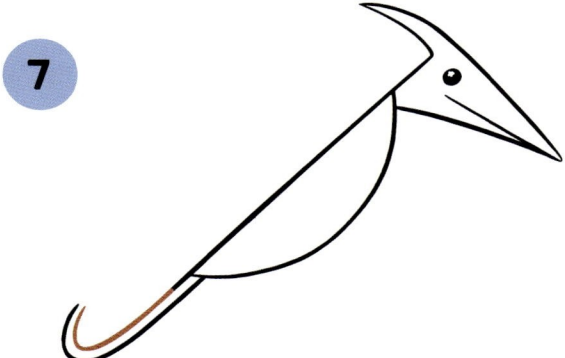

**8**

Zeichne den Schwanz fertig und beginne dann mit den weit ausgestreckten Flügeln.

**9**

**10**

Hände und Füße bekommen eine W-Form.

**11**

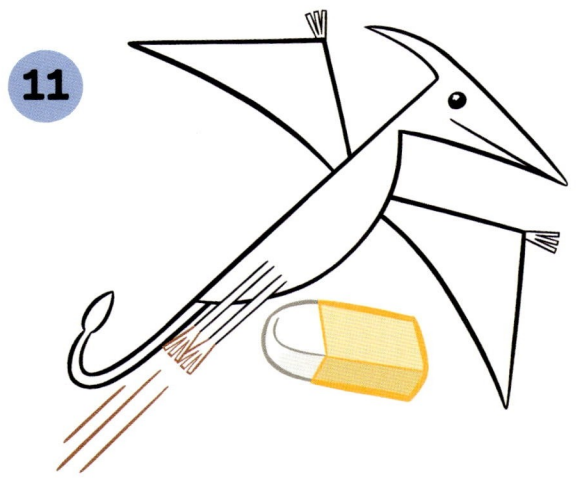

**12**

Male den Flugsaurier so an, wie es dir gefällt.

# Freundlicher Hund

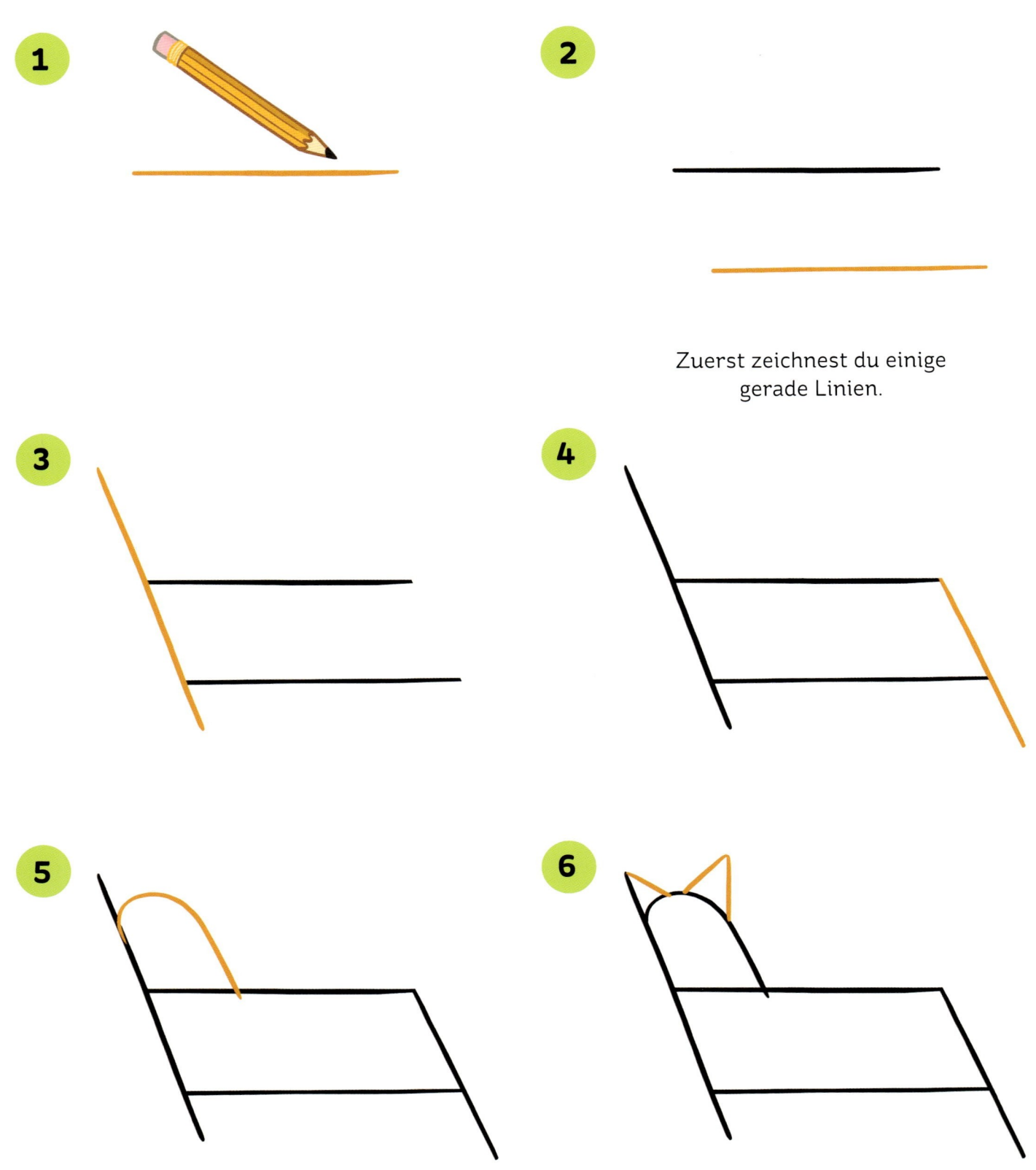

Zuerst zeichnest du einige gerade Linien.

Radiere die Hilfslinien weg. Gib dem Hund
buschiges Fell und ein freundliches Gesicht.

# Schlange

**1**

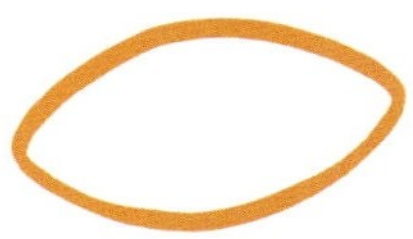

**2**

**3**

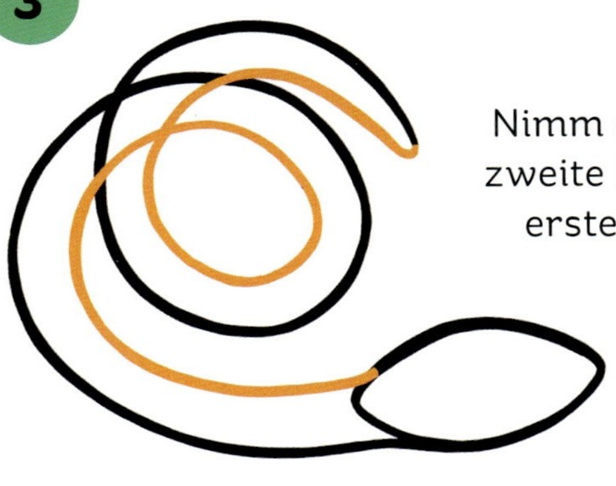

Nimm dir Zeit für diese zweite Linie. Sie soll zur ersten Linie passen.

**4**

**5**

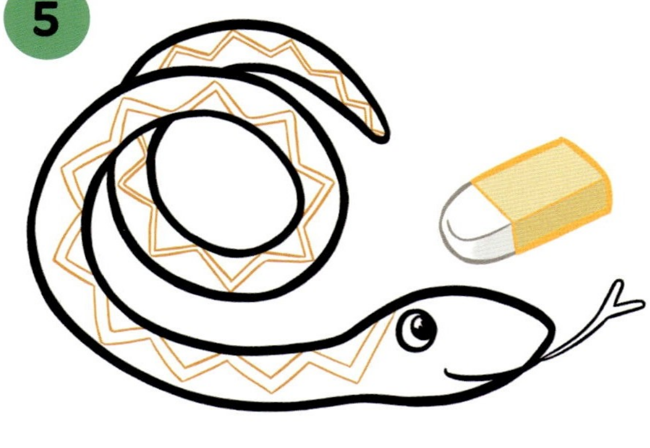

Radiere die Hilfslinien weg und zeichne ein Muster auf den Körper der Schlange.

**6**

# Chinchilla

**1** Zeichne mit dem Bleistift einen schönen, großen Kreis.

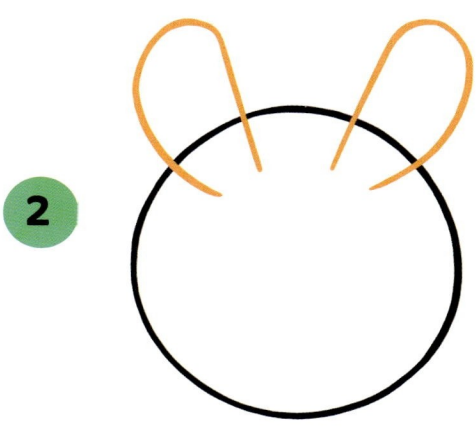

**2**

**3**

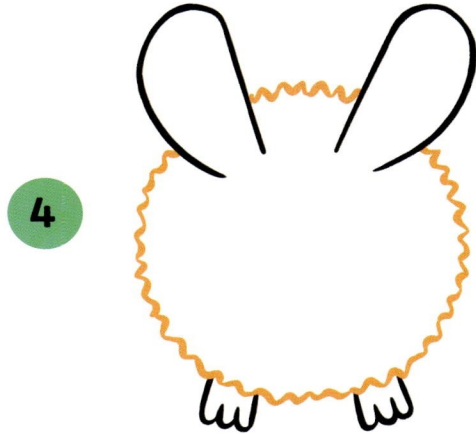

**4** Radiere die Linien weg, die du nicht mehr brauchst, und ergänze gezackte Fell-Linien.

**5**

**6** Male Ohren und Füße aus. Drücke dabei mit dem Stift unterschiedlich stark auf, damit du die verschiedenen Grau-Töne erhältst.

127

# Stampfendes Pferd

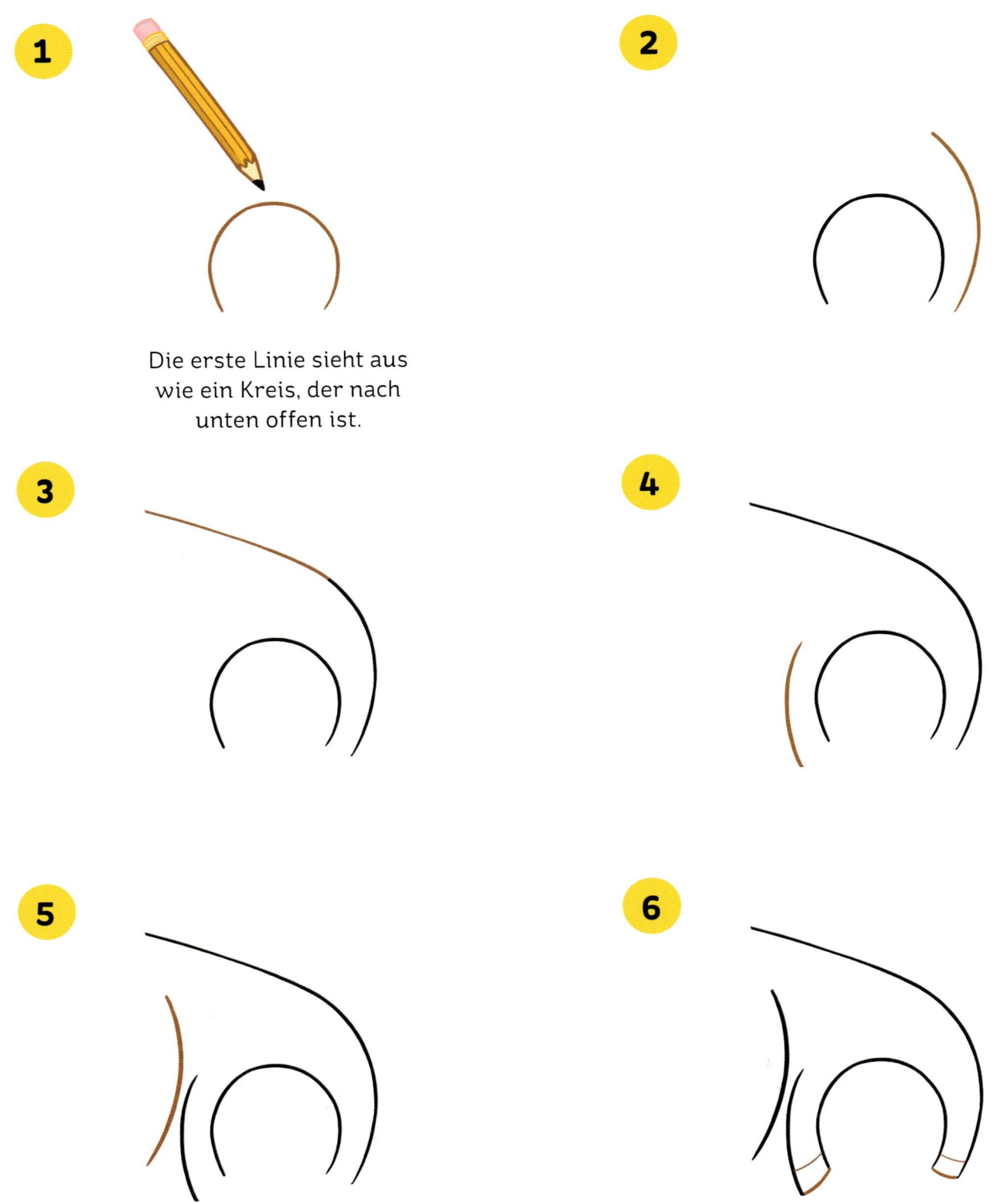

**1**

Die erste Linie sieht aus wie ein Kreis, der nach unten offen ist.

**2**

**3**

**4**

**5**

**6**

 **7**

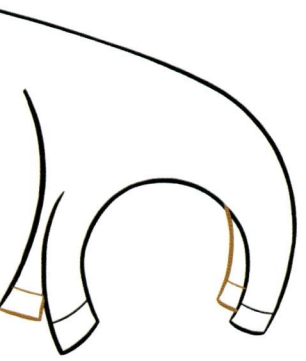

Achte darauf, dass die Beine
die richtige Länge bekommen.

 **8**

 **9**

 **10**

**11**

Male jetzt noch ein Schnaufwölkchen
und etwas Schlamm.

**12**

# Triceratops

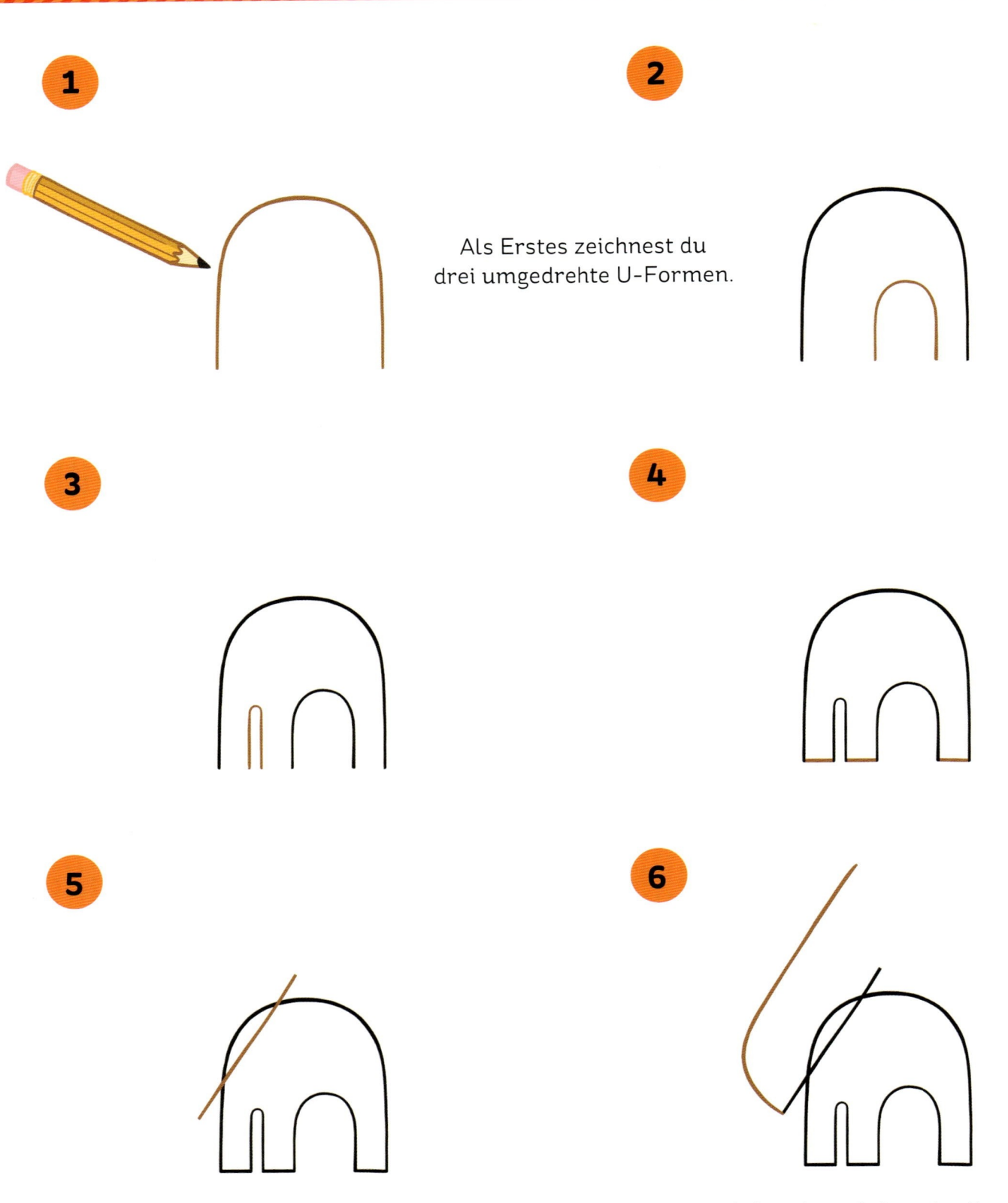

**1**

**2** Als Erstes zeichnest du drei umgedrehte U-Formen.

**3**

**4**

**5**

**6** Achte darauf, dass der Kopf recht groß ist.

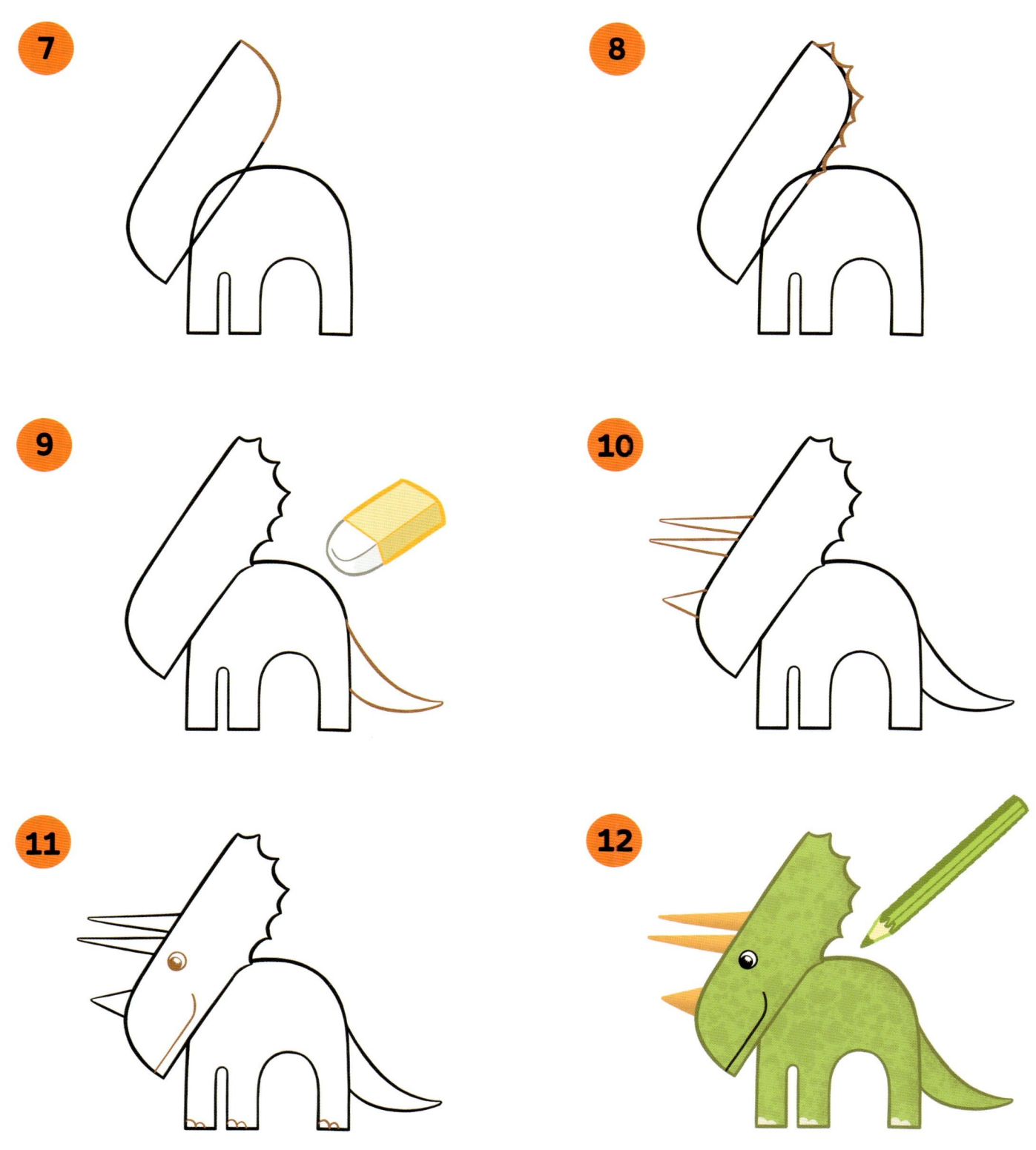

Wenn du das Gesicht gemalt hast, kannst du den Dinosaurier
mit verschiedenen grünen Buntstiften ausmalen.

# Kaninchen

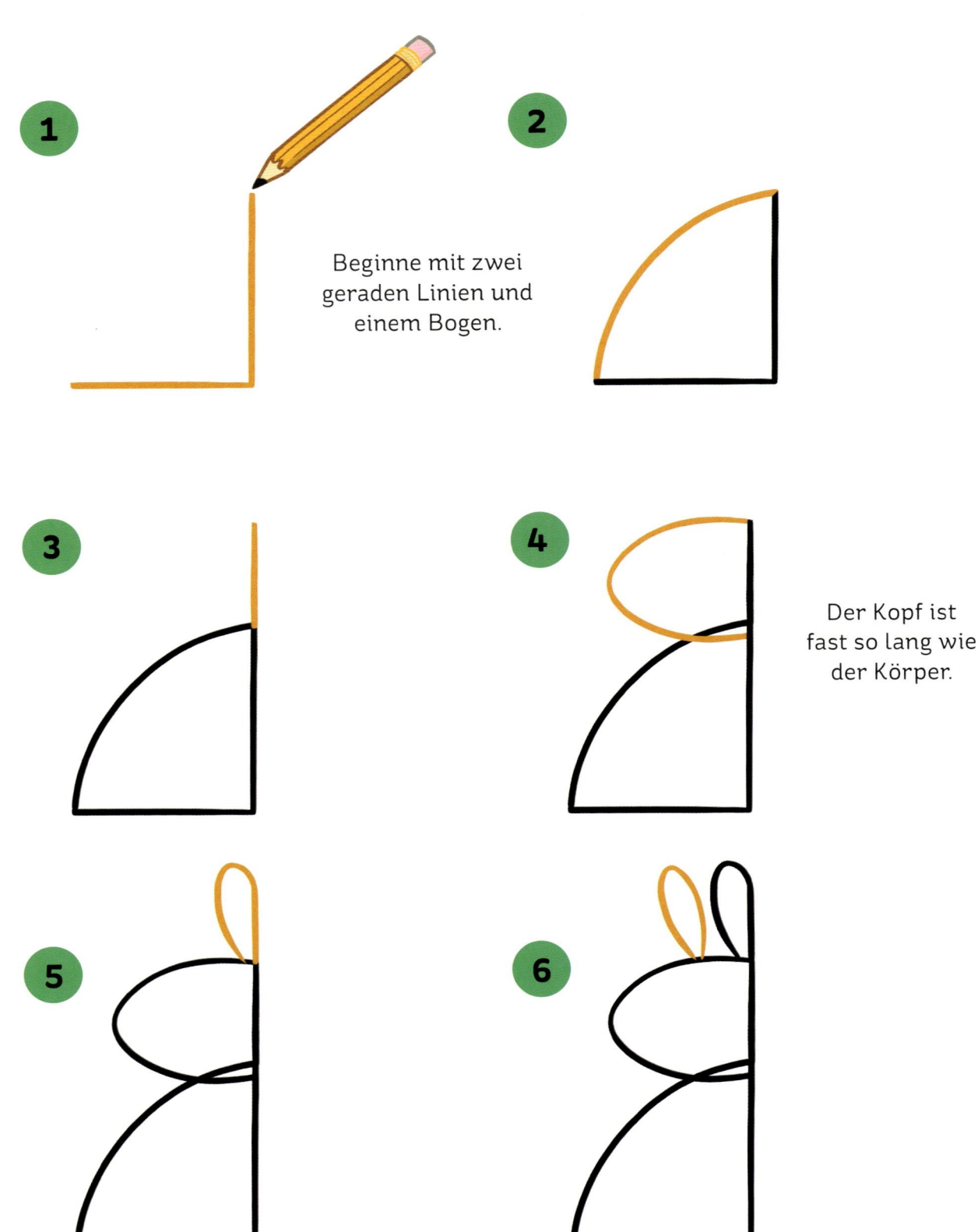

**1** Beginne mit zwei geraden Linien und einem Bogen.

**2**

**3**

**4** Der Kopf ist fast so lang wie der Körper.

**5**

**6**

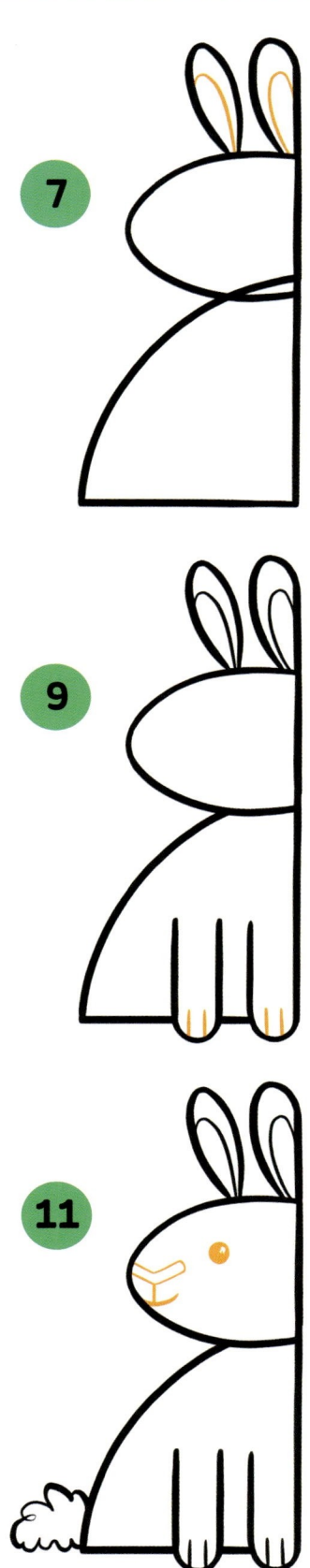

Male das Kaninchen an und lass dabei einige Stellen weiß.

133

# Schüchternes Fohlen

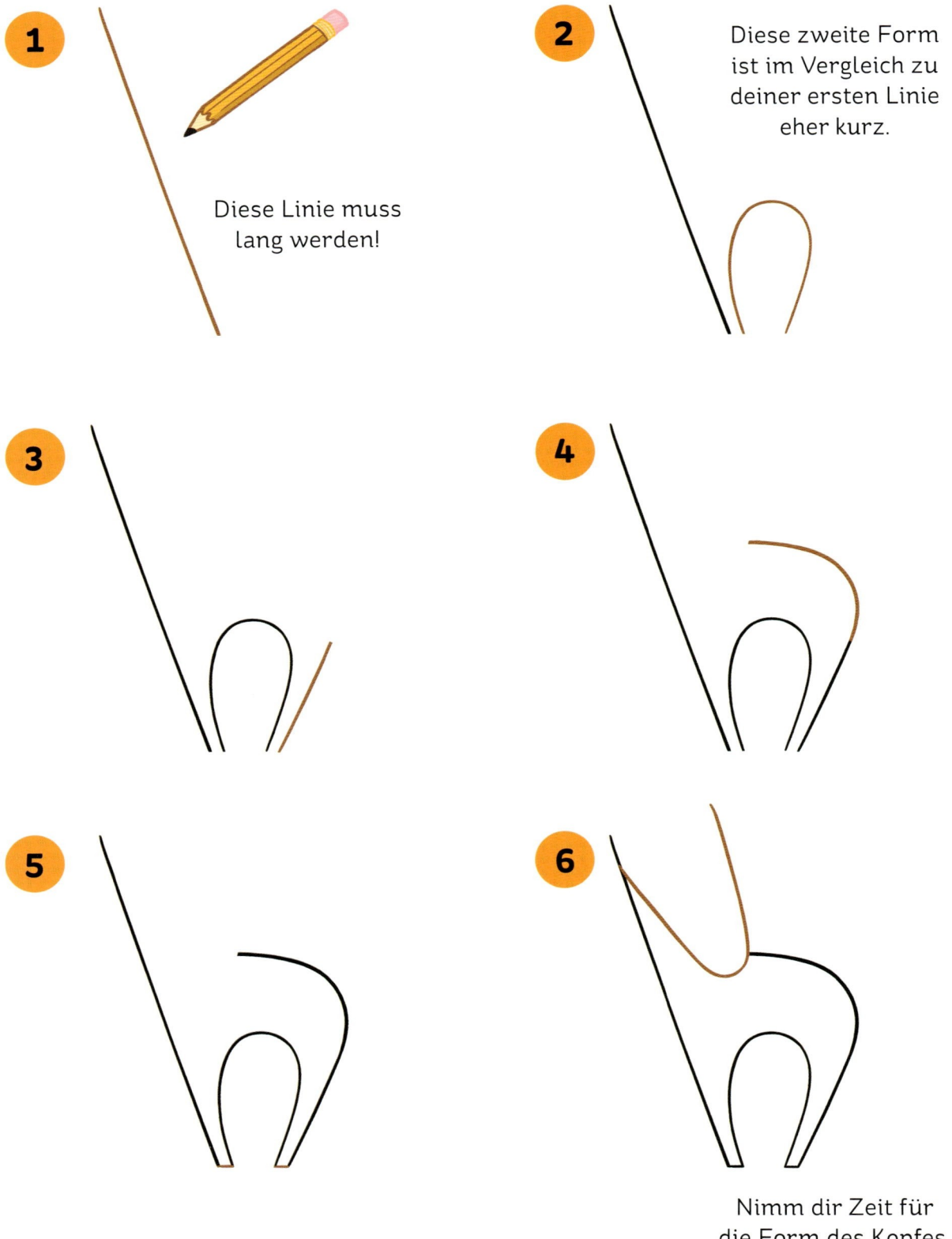

**1** Diese Linie muss lang werden!

**2** Diese zweite Form ist im Vergleich zu deiner ersten Linie eher kurz.

**3**

**4**

**5**

**6** Nimm dir Zeit für die Form des Kopfes.

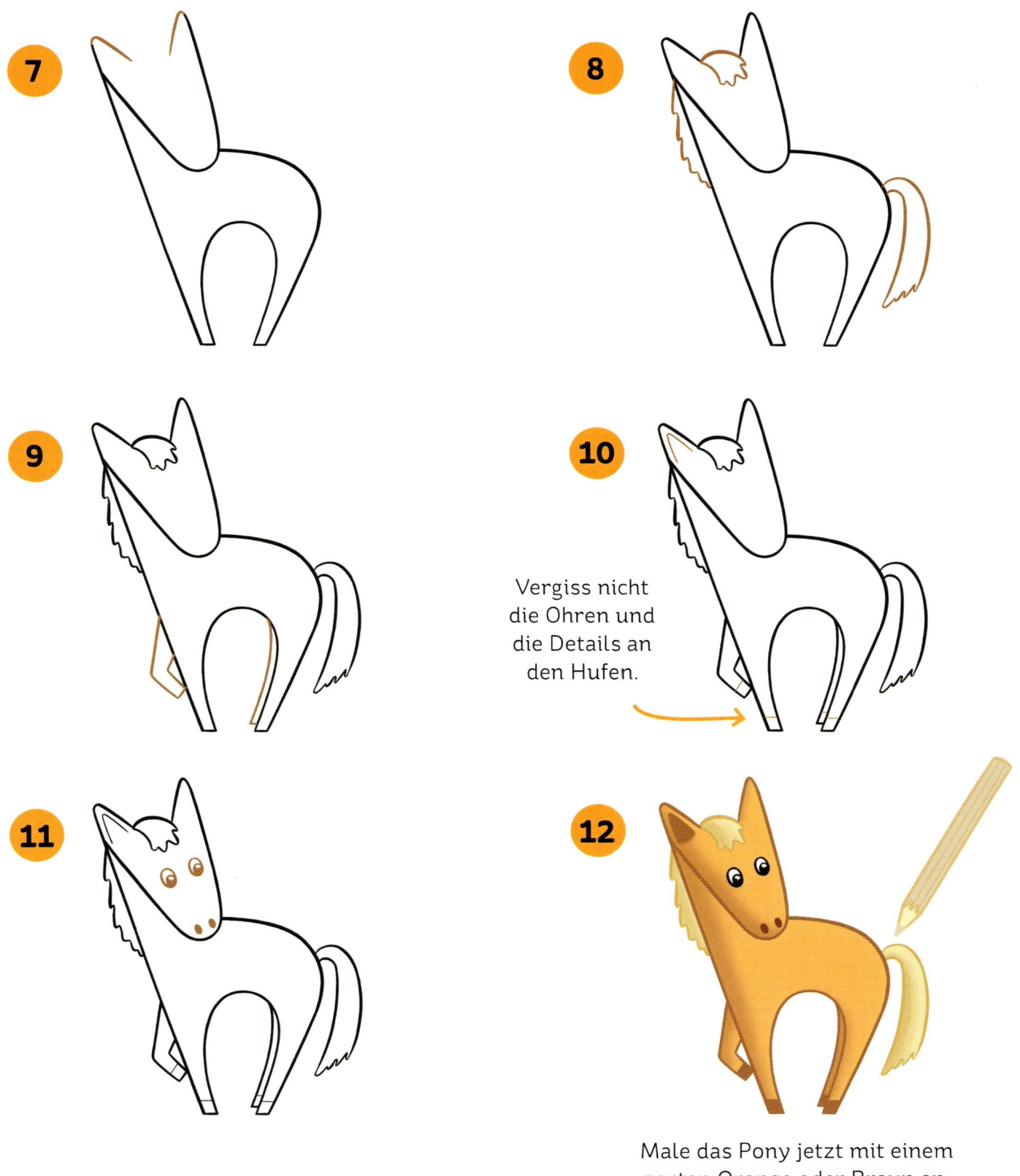

**7**

**8**

**9**

**10**

Vergiss nicht
die Ohren und
die Details an
den Hufen.

**11**

**12**

Male das Pony jetzt mit einem
zarten Orange oder Braun an.

# Wolf

**1**

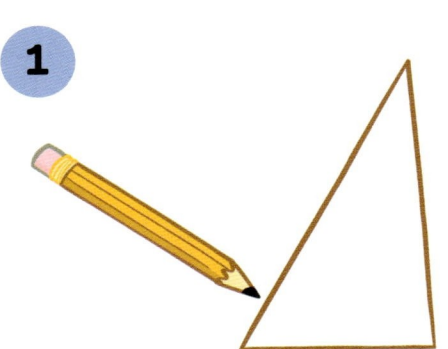

**2**

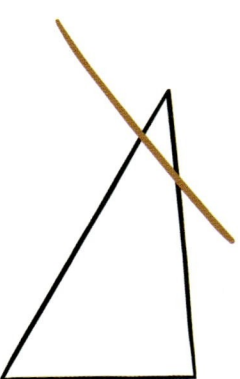

**3**

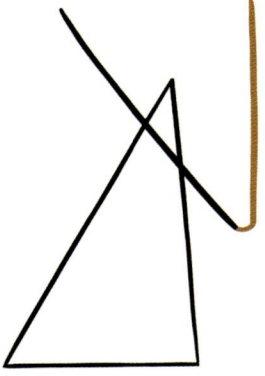

**4**

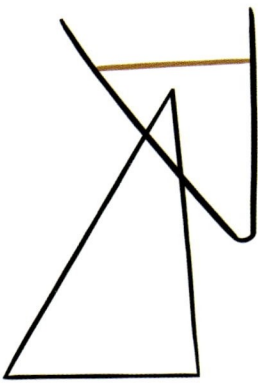

**5**

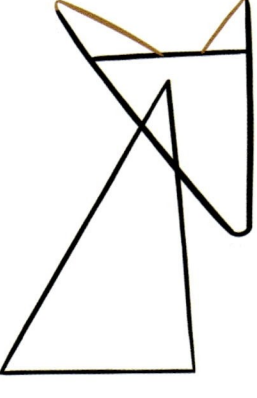

**6**

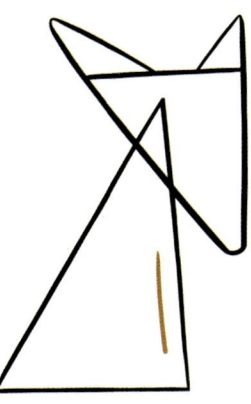

Nimm noch
Änderungen vor,
bist du mit der
Form des Kopfes
und der Ohren
zufrieden bist.

**7**

**8**

**9**

**10**

Male einige gezackte Fell-Linien und radiere die Hilfslinien weg.

**11**

**12**

Lass einige Stellen weiß, wenn du den Wolf ausmalst.

# Giraffe

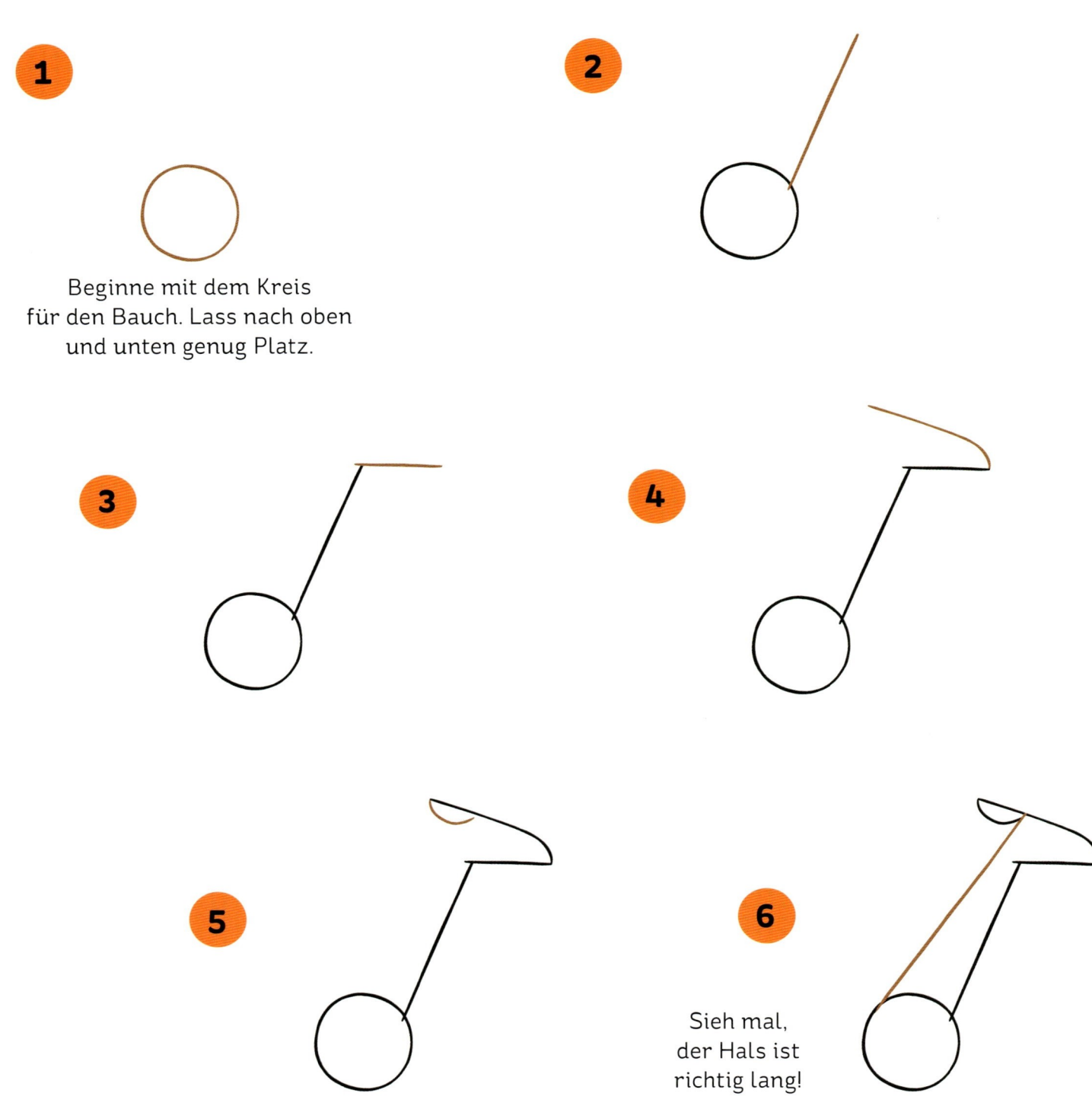

**1** Beginne mit dem Kreis für den Bauch. Lass nach oben und unten genug Platz.

**2**

**3**

**4**

**5**

**6** Sieh mal, der Hals ist richtig lang!

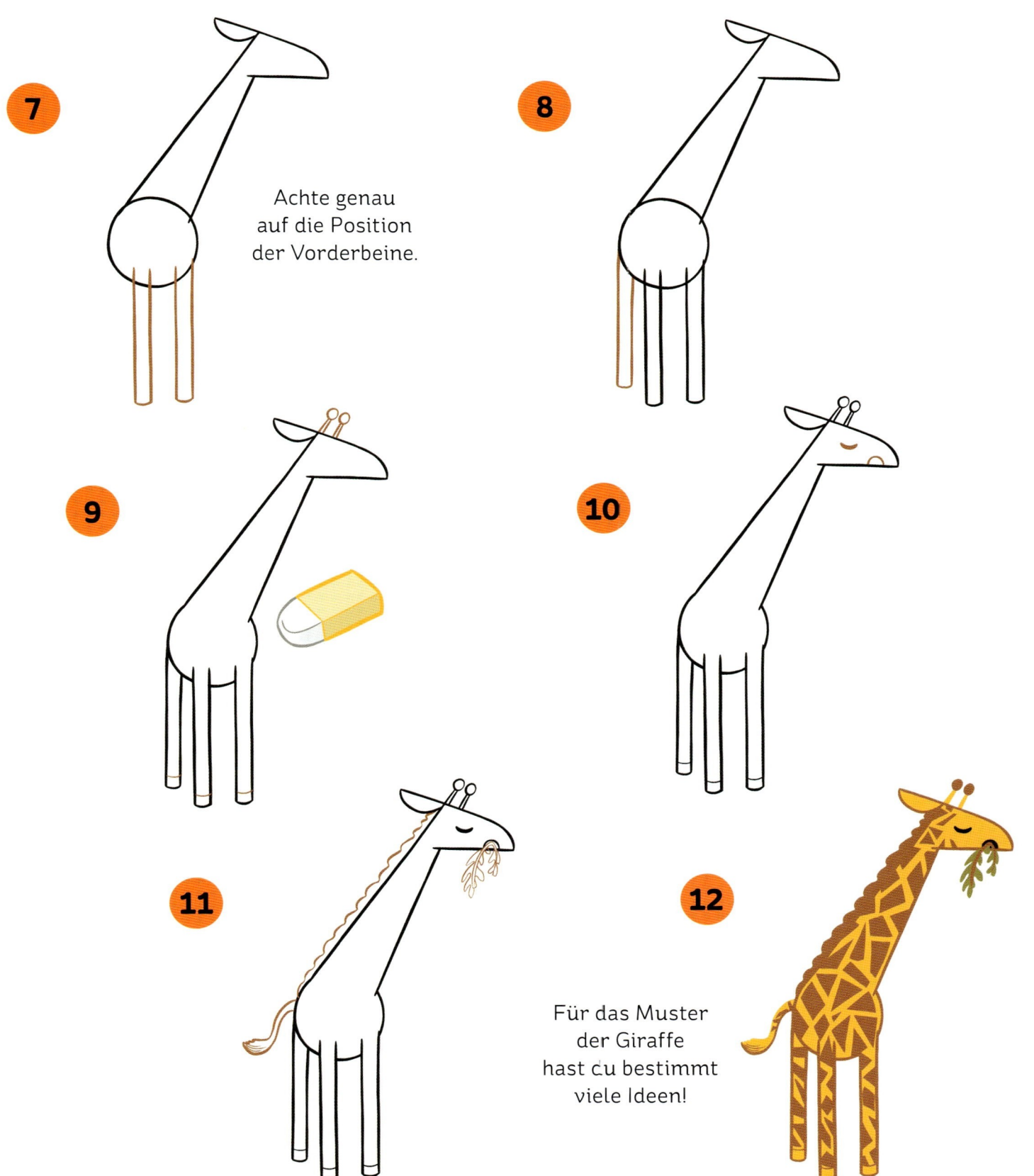

**7**

Achte genau
auf die Position
der Vorderbeine.

**8**

**9**

**10**

**11**

**12**

Für das Muster
der Giraffe
hast du bestimmt
viele Ideen!

# Eidechse

**1**

**2**

Beginne mit einer horizontalen Linie und male darüber einen Bogen.

**3**

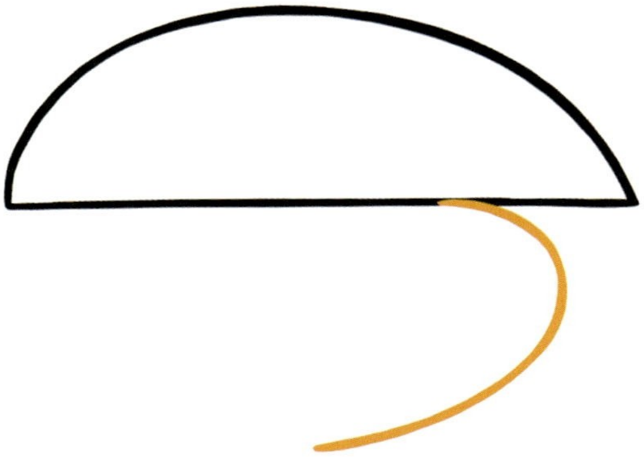

**4**

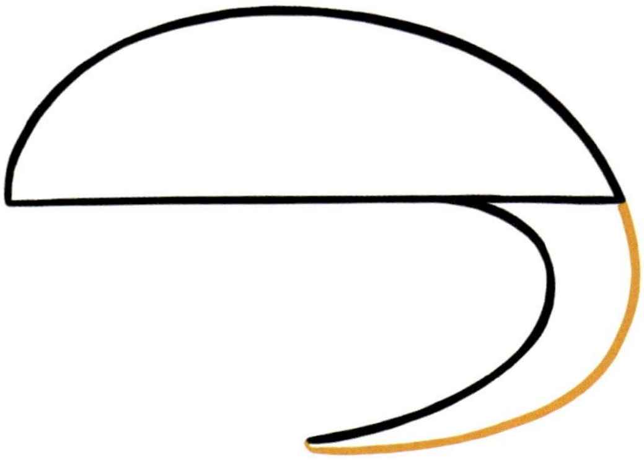

**5**

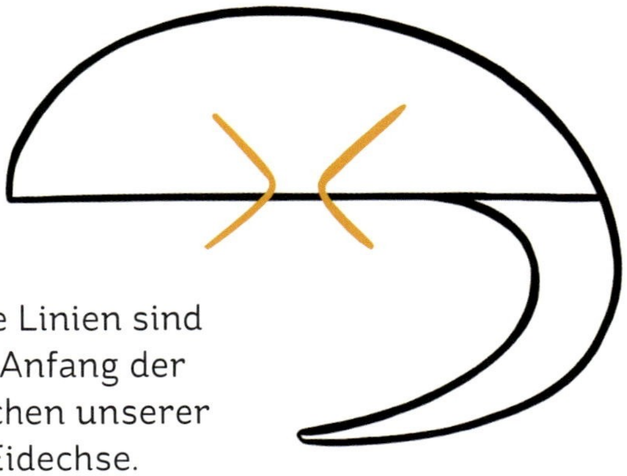

Diese Linien sind der Anfang der Beinchen unserer Eidechse.

**6**

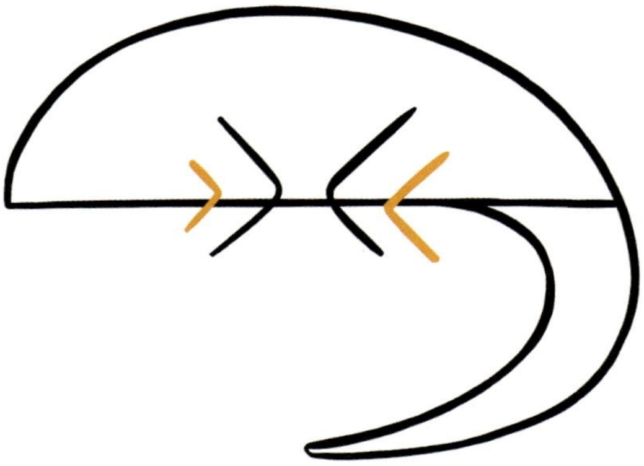

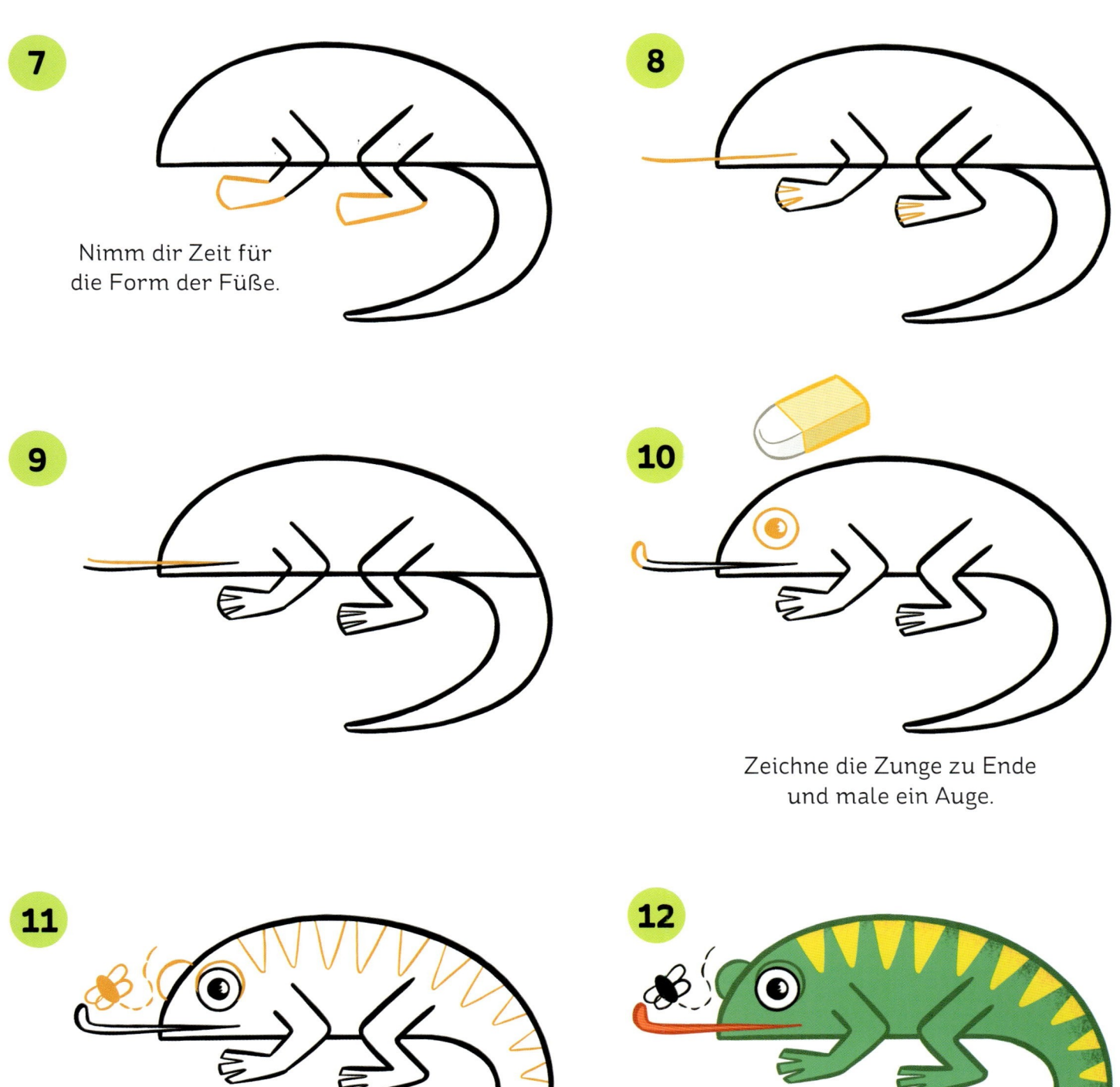

**7**

Nimm dir Zeit für
die Form der Füße.

**8**

**9**

**10**

Zeichne die Zunge zu Ende
und male ein Auge.

**11**

**12**

Gib der Eidechse das Muster, das du magst, und male sie
in leuchtenden Farben an.

# Grasendes Pony

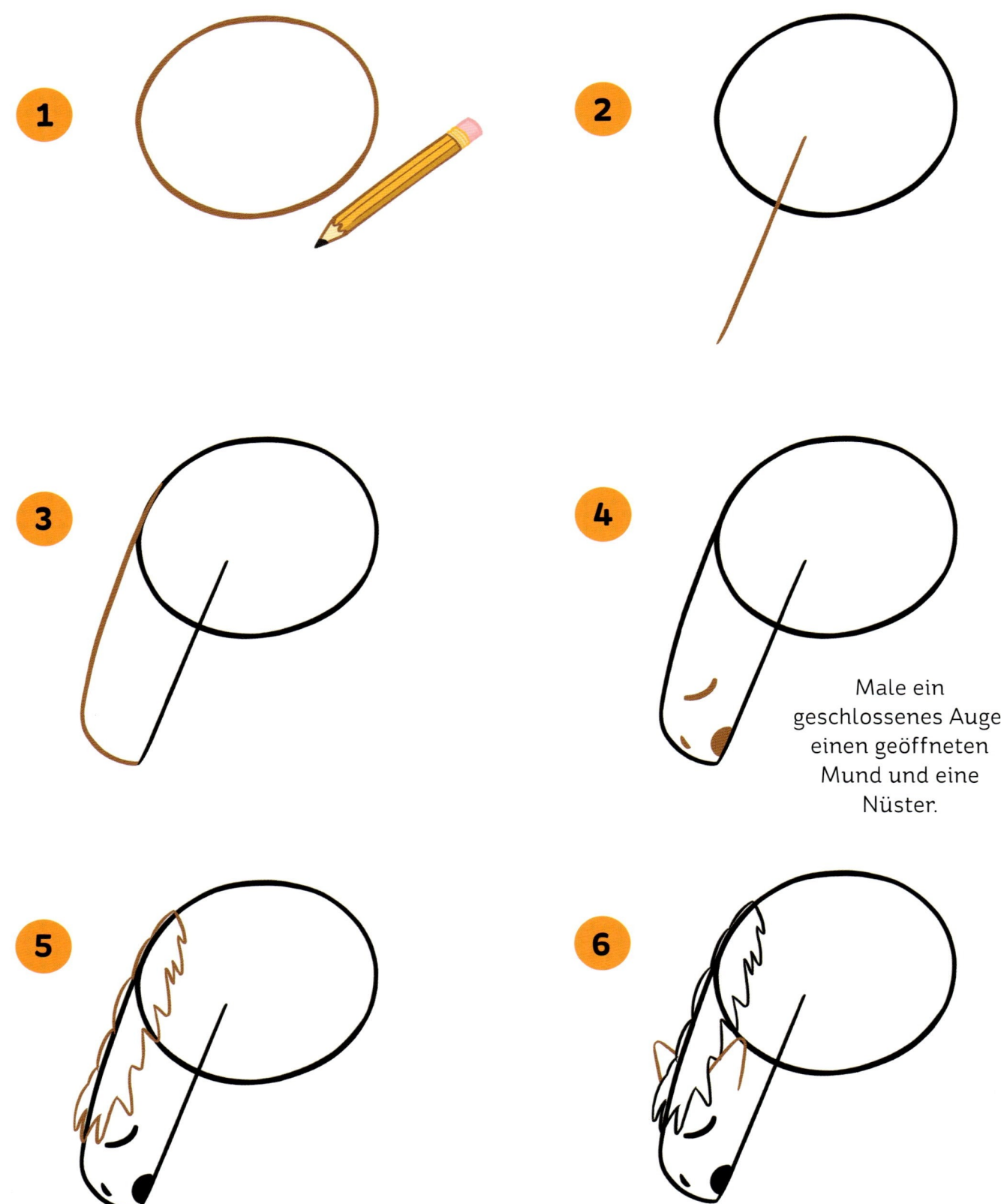

1

2

3

4

Male ein geschlossenes Auge, einen geöffneten Mund und eine Nüster.

5

6

**7**

Die Beine reichen fast so weit nach unten wie der Kopf.

**8**

**9**

Jetzt kannst du alle Linien wegradieren, die du nicht mehr brauchst, und das Gras malen.

**10**

**11**

**12**

# Labrador-Welpe

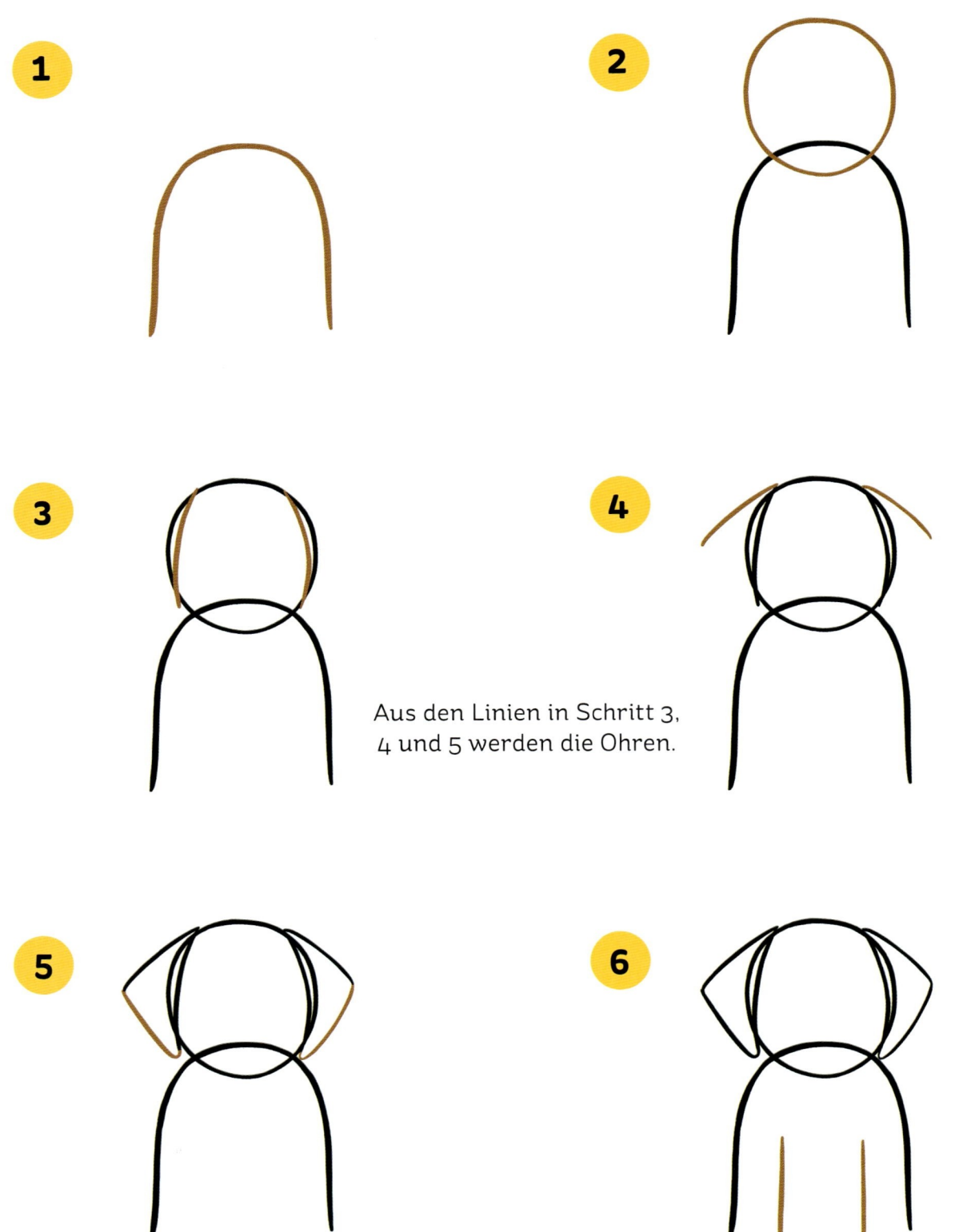

**1**

**2**

**3**

**4**

Aus den Linien in Schritt 3,
4 und 5 werden die Ohren.

**5**

**6**

**7** Lass dir Zeit mit der Form der Pfoten.

**8**

**9**

**10**

**11**

**12** Male den Hund mit einem blassen Buntstift aus und zeichne viele kleine Linien auf die Ohren, damit sie flauschig aussehen.

# Löwe

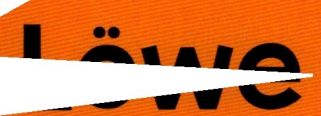

1

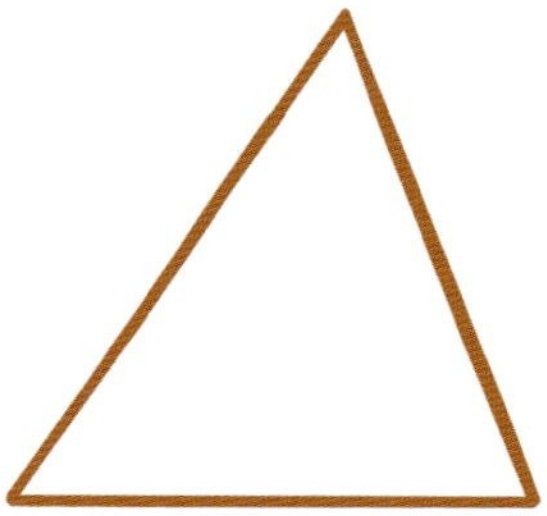

Dieses Dreieck ist nicht ganz symmetrisch.

2

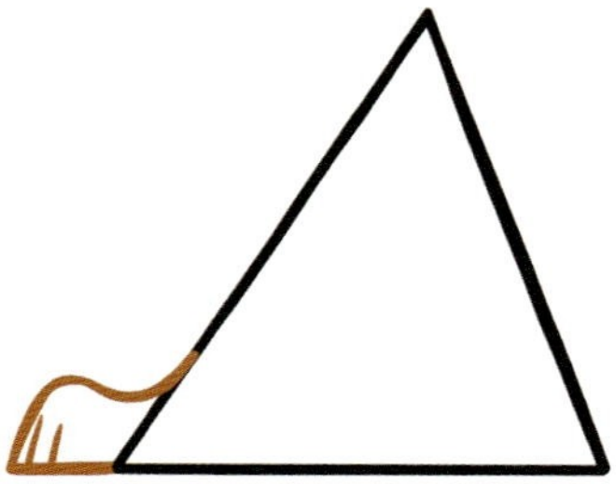

3

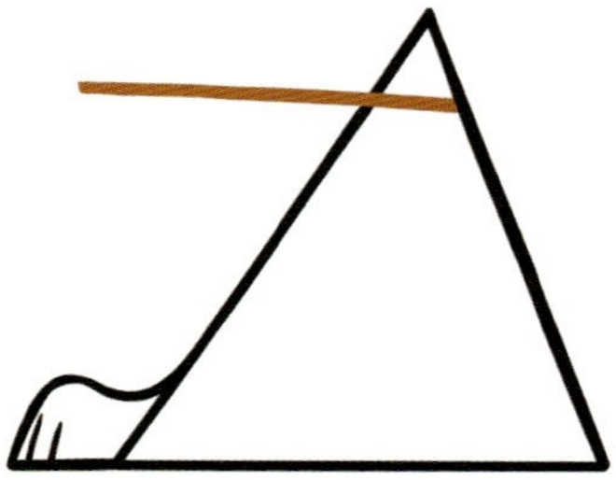

4

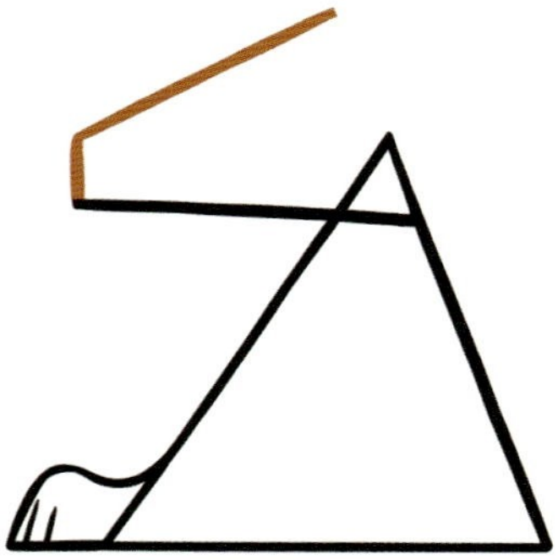

5

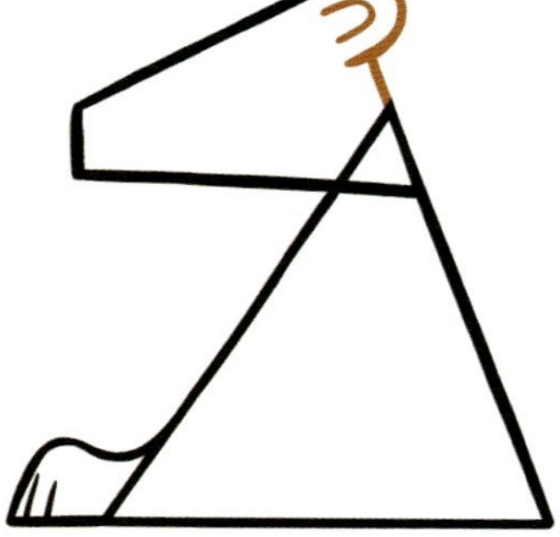

Zeichne zuerst das Ohr und dann eine Linie für den Hinterkopf.

6

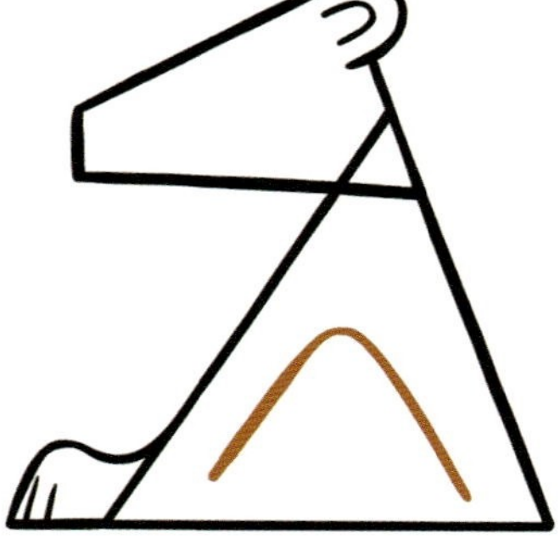

**7**

**8**

**9**

**10**

Zeichne die Mähne
und radiere dann
die Linien weg,
die du nicht mehr
brauchst.

**11**

**12**

Jetzt kannst
du den Löwen
anmalen.

# Neugieriges Reh

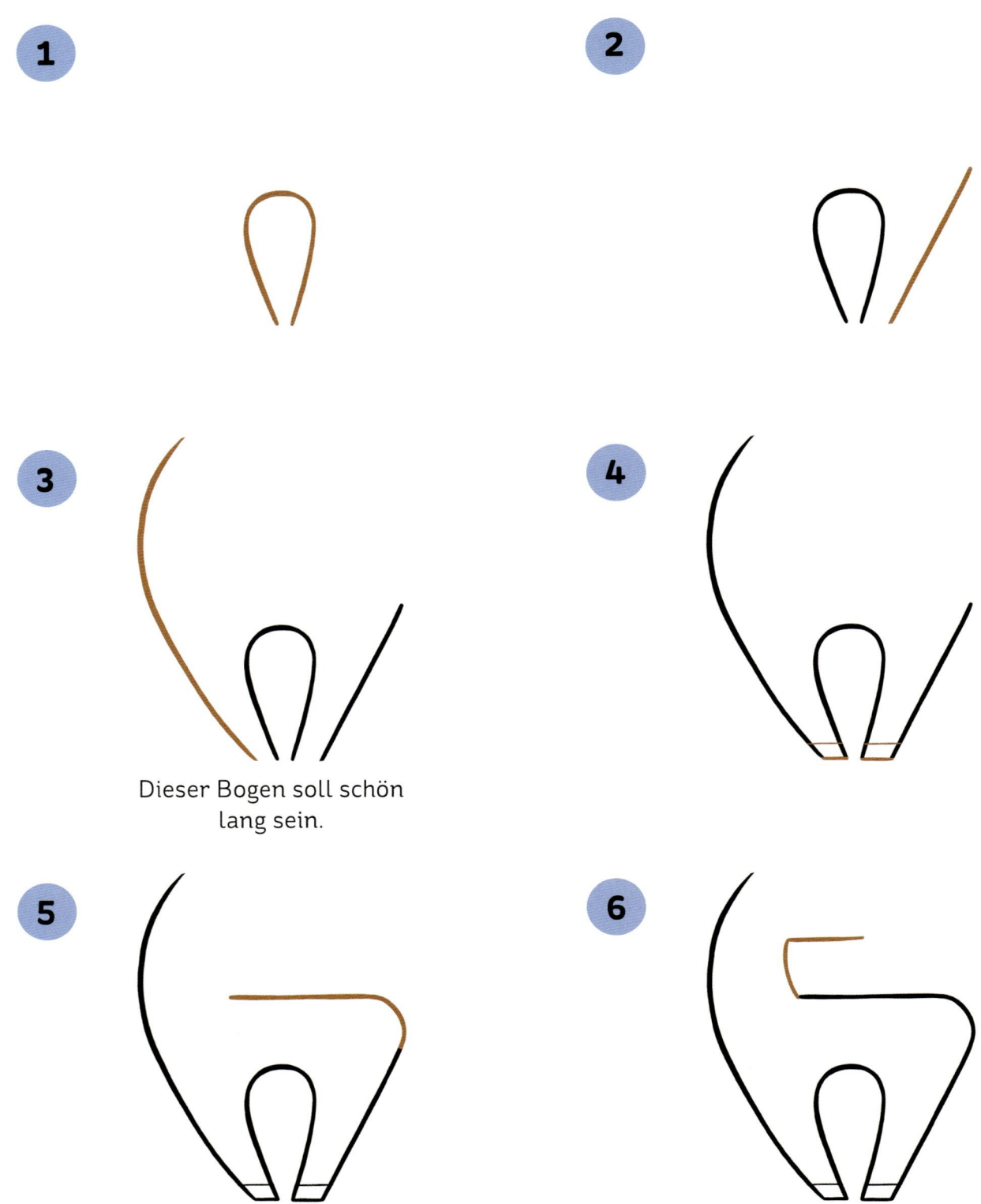

**1**

**2**

**3**

Dieser Bogen soll schön lang sein.

**4**

**5**

**6**

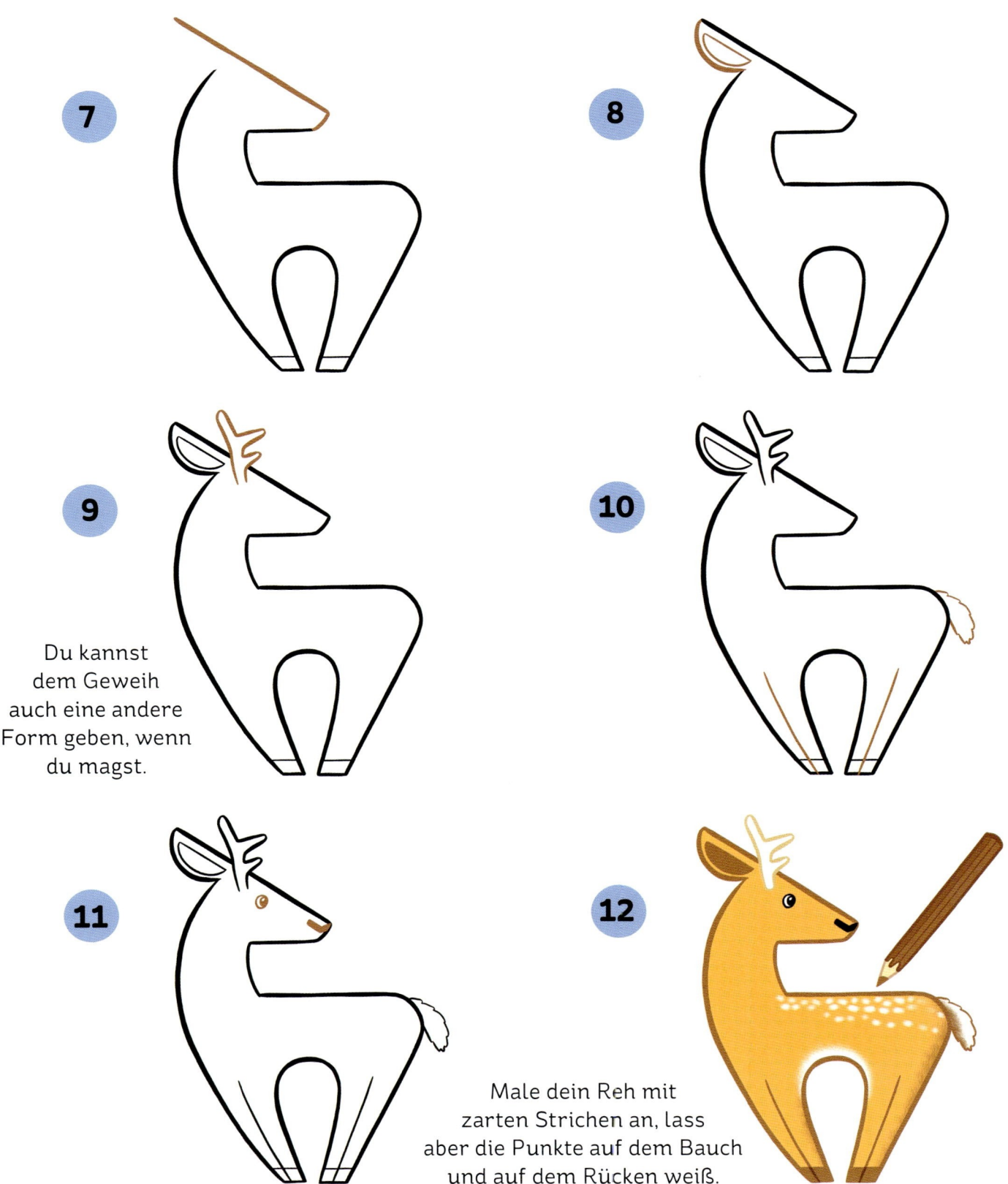

**7**

**8**

**9**

Du kannst dem Geweih auch eine andere Form geben, wenn du magst.

**10**

**11**

**12**

Male dein Reh mit zarten Strichen an, lass aber die Punkte auf dem Bauch und auf dem Rücken weiß.

**1**

**2**

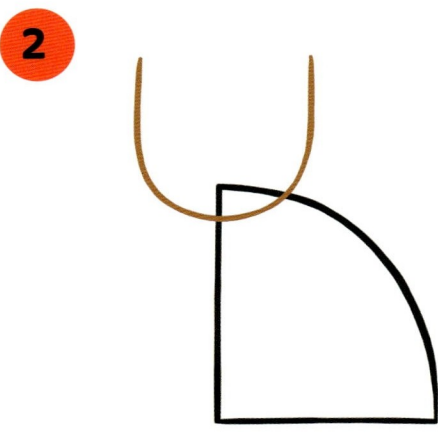

**3**

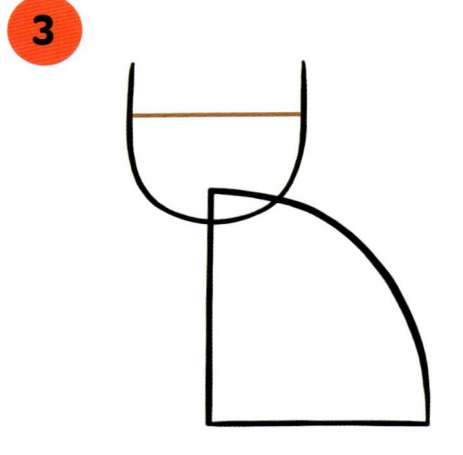

**4**

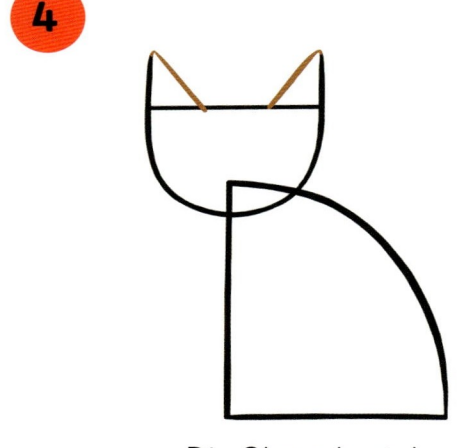

Die Ohren bestehen aus zwei Dreiecken.

**5**

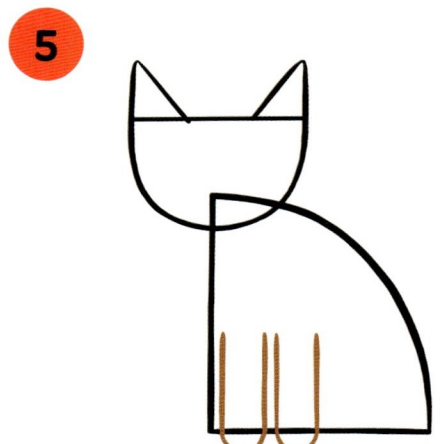

**6**

**7**

**8** Radiere die Hilfslinien weg und male das gezackte Fell.

**9**

**10**

**11** Zum Schluss malst du die überraschten Augenbrauen und die Schnurrhaare.

**12**

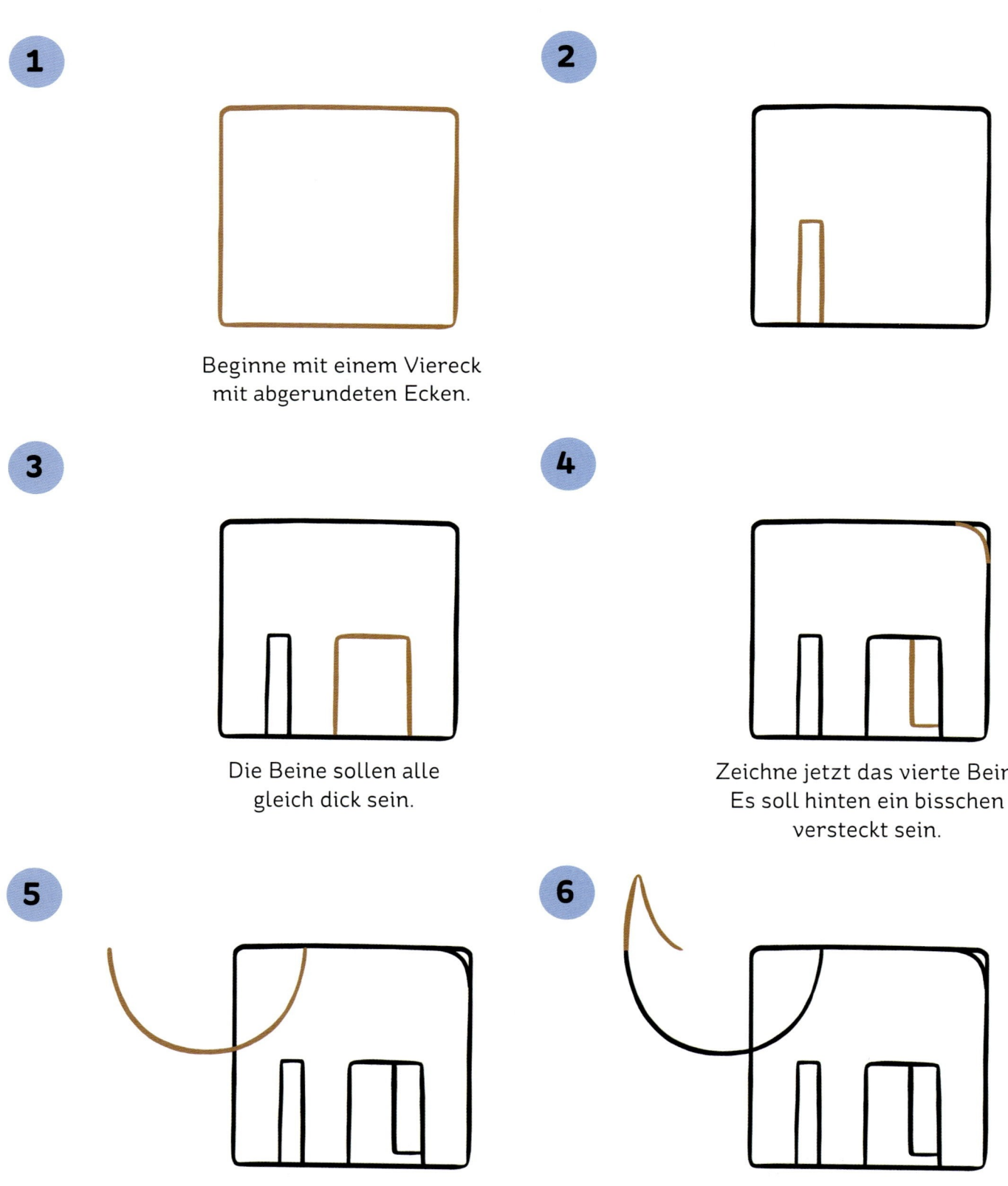

**1**

Beginne mit einem Viereck
mit abgerundeten Ecken.

**2**

**3**

Die Beine sollen alle
gleich dick sein.

**4**

Zeichne jetzt das vierte Bein.
Es soll hinten ein bisschen
versteckt sein.

**5**

**6**

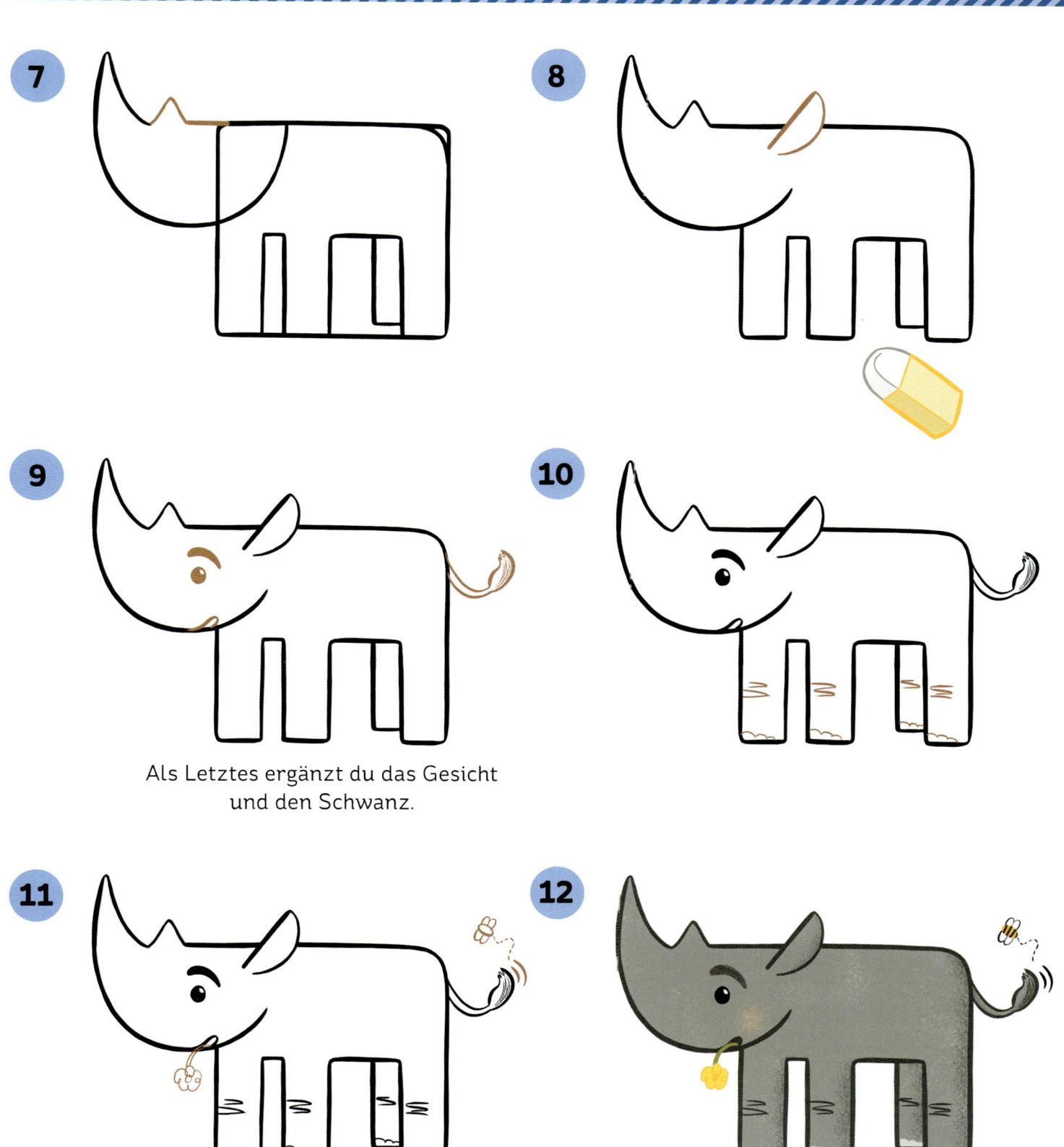

**9**

Als Letztes ergänzt du das Gesicht
und den Schwanz.

# Tiger

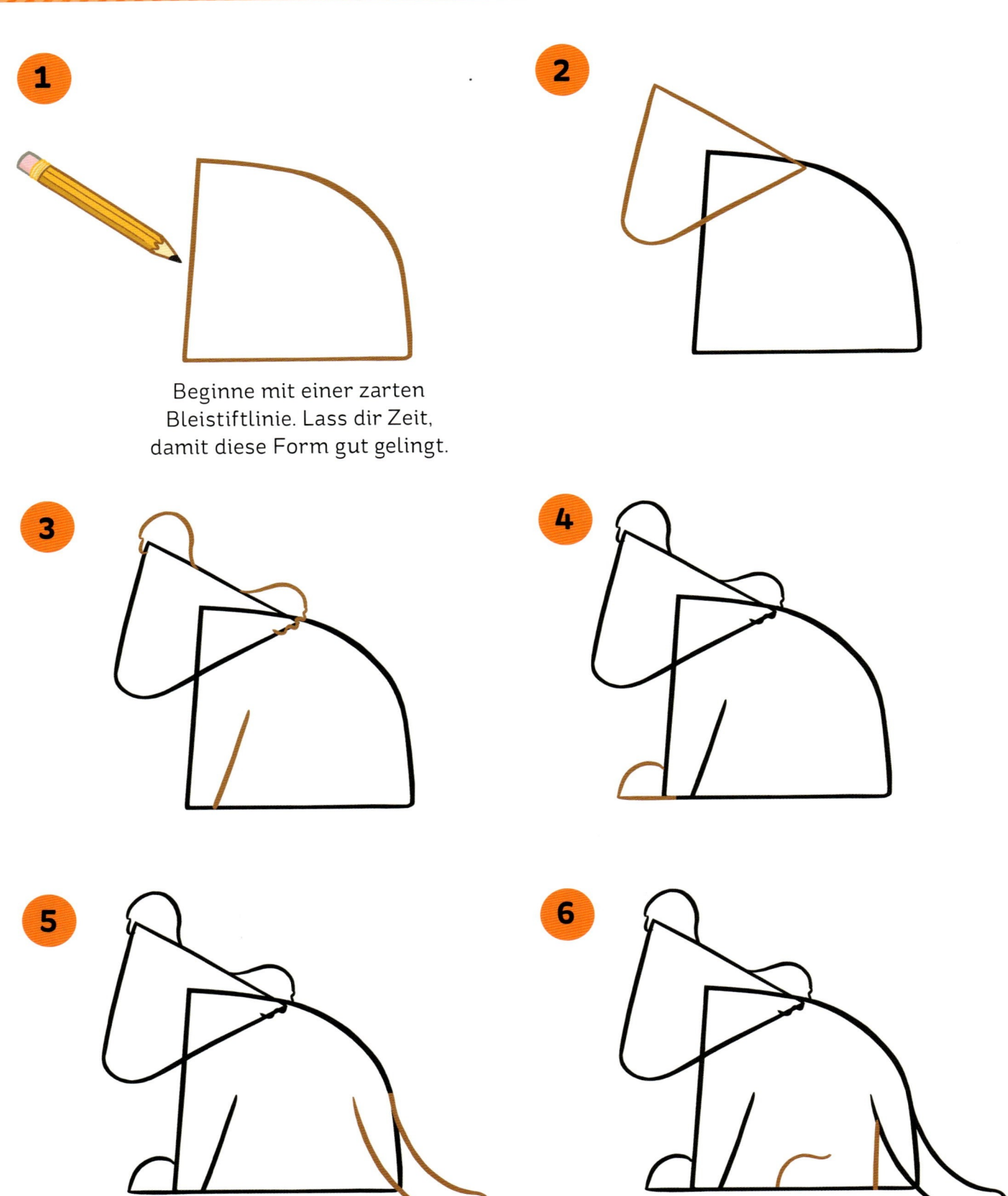

**1**

Beginne mit einer zarten Bleistiftlinie. Lass dir Zeit, damit diese Form gut gelingt.

**2**

**3**

**4**

**5**

**6**

**7**

Radiere die Linien weg,
die du nicht mehr brauchst.
Male den Bauch und die Krallen.

**8**

**9**

**10**

**11**

**12**

Zeichne zuerst die Streifen
mit einem Bleistift vor.
Male den Tiger dann gelb
und schwarz an.

# Dalmatiner

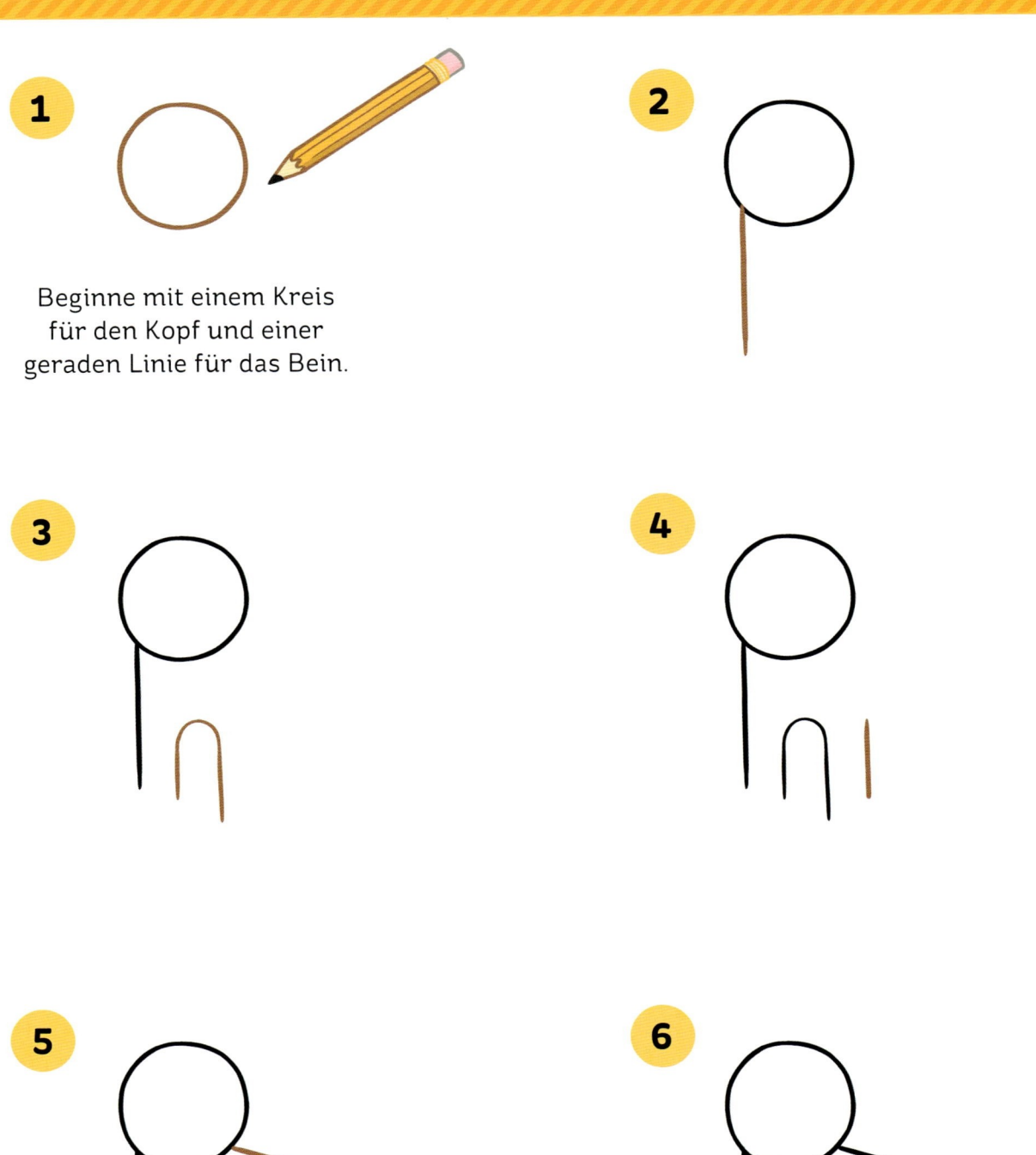

**1**
Beginne mit einem Kreis
für den Kopf und einer
geraden Linie für das Bein.

**2**

**3**

**4**

**5**
Die Linie des Oberkörpers
darf richtig lang werden.

**6**

Nimm dir Zeit, um das Gras unter den
Beinen zu malen. Vielleicht musst du
die Beine dafür noch ein bisschen verändern.

# Zebra

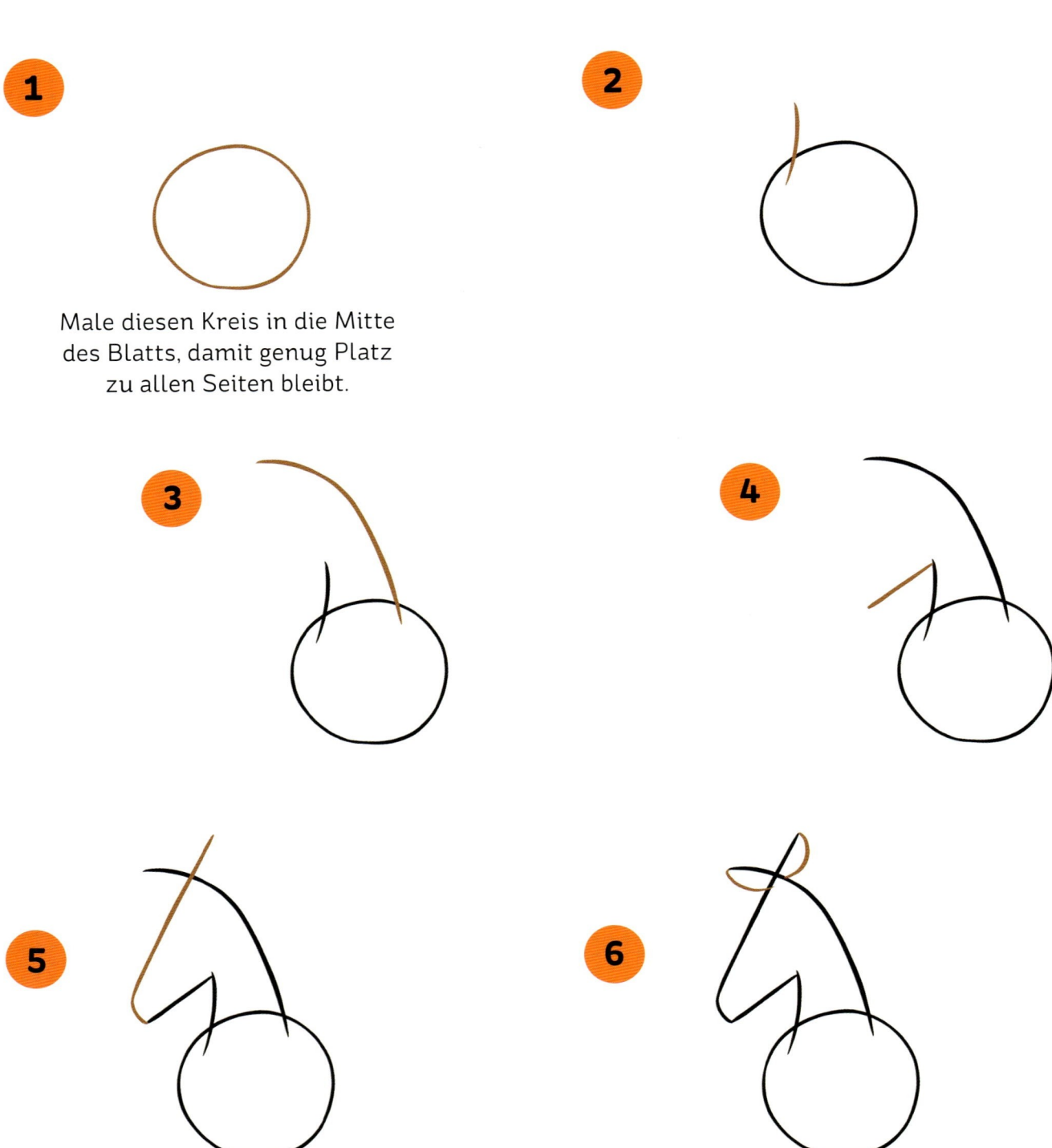

**1** Male diesen Kreis in die Mitte des Blatts, damit genug Platz zu allen Seiten bleibt.

**2**

**3**

**4**

**5** Du kannst an deinen Linien noch etwas verändern, falls die Kopf-Form jetzt noch nicht richtig aussieht.

**6**

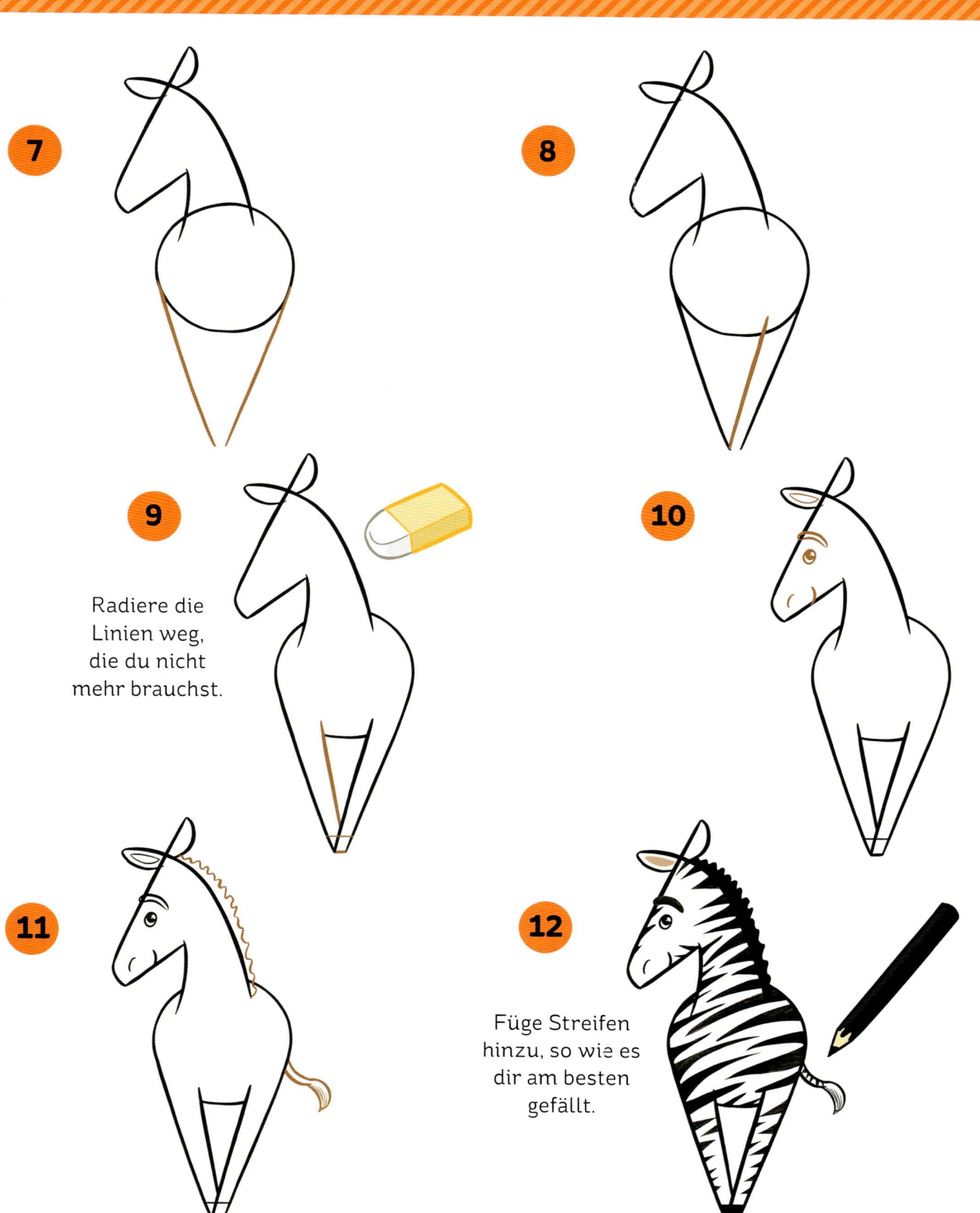

**7**

**8**

**9** Radiere die Linien weg, die du nicht mehr brauchst.

**10**

**11**

**12** Füge Streifen hinzu, so wie es dir am besten gefällt.

# Silvisaurus

**1**

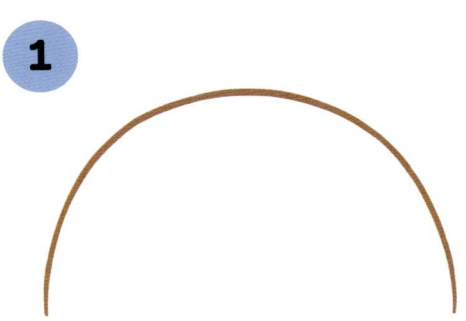

**2**

**3**

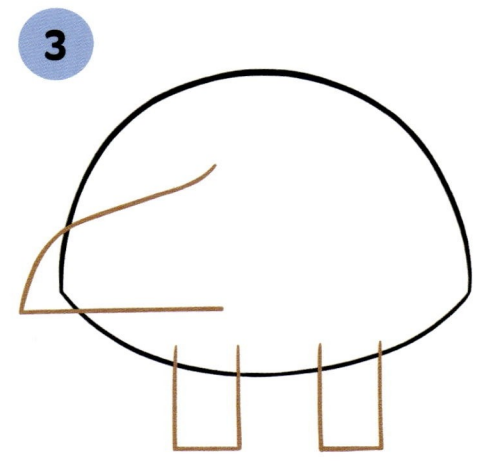

**4**

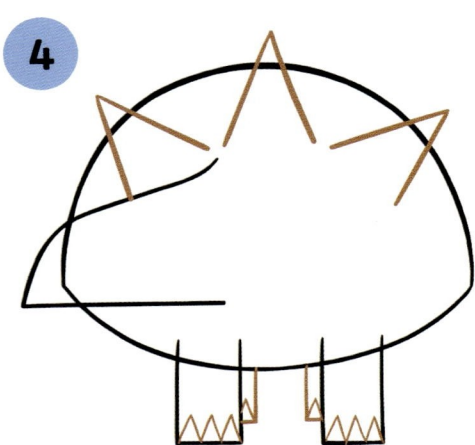

Nimm dir Zeit für das Zeichnen des Kopfes. Mache danach mit den Beinen weiter.

**5**

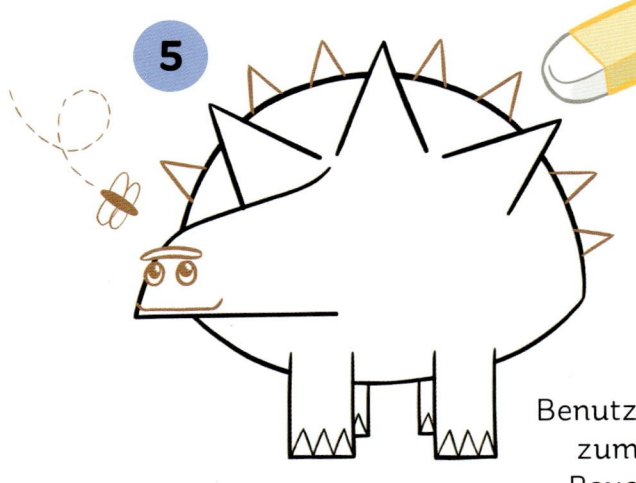

**6**

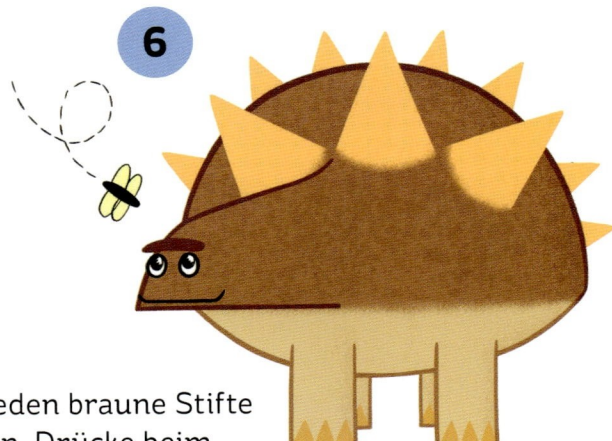

Benutze verschieden braune Stifte zum Ausmalen. Drücke beim Bauch und bei den Beinen nur ganz zart mit dem Stift auf.